A HISTÓRIA
reinterpretada pela
ASTROLOGIA

Outras obras publicadas pela NOVA ERA:

Aniversários
Monica Horta

Anuário de astrologia Nova Era 2003
Max Klim

Coleção Você e Seu Signo (12 vols.)
Max Klim

Descubra a missão de sua alma
Linda Brady e Evan St. Lifer

Os astros comandam o amor
Linda Goodman

O livro dos signos para a vida amorosa dos homens
Carolyn Reynolds

O livro dos signos para a vida amorosa das mulheres
Carolyn Reynolds

O que é astrologia chinesa
Damian Sharp

Os signos e as mulheres
Judith Bennett

Seu futuro astrológico
Linda Goodman

MAX KLIM

A HISTÓRIA
reinterpretada pela
ASTROLOGIA

NOVA ERA

Rio de Janeiro
2003

CIP-Brasil. Catalogação-na-fonte
Sindicato Nacional dos Editores de Livros, RJ.

K72h   Klim, Max, 1943-
       A história reinterpretada pela astrologia: a evolução da humanidade,
       do Neandertal à Era de Aquário / Max Klim. – Rio de Janeiro: Record: Nova
       Era, 2003.

       ISBN 85-01-06660-5

       1. Astrologia. 2. História universal · Aspectos astrológicos. I. Título.

                                    CDD – 133.589
03-1313   CDU – 133.52:930.85

Copyright © 2003 Carlos Alberto Lemes de Andrade (MK Serviços Jornalísticos Ltda.)

Editoração eletrônica: DTPhoenix Editorial

Todos os direitos reservados. Proibida a reprodução, no todo ou em parte, sem autorização prévia por escrito da editora, sejam quais forem os meios empregados.

Direitos exclusivos desta edição reservados pela
DISTRIBUIDORA RECORD DE SERVIÇOS DE IMPRENSA S.A.
Rua Argentina 171 – Rio de Janeiro, RJ – 20921-380 – Tel.: 2585-2000

Impresso no Brasil

ISBN 85-01-06660-5

PEDIDOS PELO REEMBOLSO POSTAL
Caixa Postal 23.052
Rio de Janeiro, RJ – 20922-970

EDITORA AFILIADA

"A verdade, oh! estranho! É uma coisa justa e desejável, mas é uma coisa de que os homens dificilmente se persuadem..."

Platão (427 a.C. a 247 a.C.),
precursor da Era de Peixes

Este livro eu o dedico a um sentimento bem humano que, apesar de fugidio e hoje tão raro entre as gentes, ainda insiste em nos fazer acreditar no amanhã: a esperança...

Sumário

Apresentação de Monica Horta 9
Prefácio do autor 11

Parte 1 — O COMEÇO 13
Capítulo 1 As Eras Astrológicas 19
Capítulo 2 A evolução: Neandertal e *Homo sapiens* 25
Capítulo 3 Os Ciclos Astrais 31
Capítulo 4 A evolução histórica 35
Capítulo 5 As Eras próximas 49
          Os primeiros passos 50
          As Eras distantes 51
          A História recente 62

Parte 2 — A ESPERANÇA 67
Capítulo 1 A chegada de Aquário 69
Capítulo 2 O Cristo histórico e a Era de Peixes 73

Capítulo 3 Uma época de mudanças *77*
Capítulo 4 Antes de Peixes *79*

Parte 3 — As mudanças *83*
Capítulo 1 Avanços em ritmo alucinante *85*
Capítulo 2 Os sinais *93*
Capítulo 3 A História confirma... *97*
Capítulo 4 A evolução histórica *101*
Capítulo 5 As Eras próximas *113*
Capítulo 6 As Eras contemporâneas *119*

Parte 4 — Aquário hoje... *123*
Capítulo 1 As dores do parto *127*
Capítulo 2 Começa Aquário... *131*
Capítulo 3 O sangue em nome de Deus *135*
Capítulo 4 Um novo tempo *163*
Capítulo 5 A realidade já *173*

A verdade... *189*

O autor *190*

Apresentação

É tudo uma questão de tempo... Já dizia a nossa avó.

Quando estamos envolvidos em um problema sério, perdemos o distanciamento crítico que nos permitiria avaliar com clareza a situação, e o que é mais importante, encontrar as melhores saídas ou soluções necessárias para resolvê-lo. É nas crises que aparece mais claramente o caráter subjetivo da experiência do tempo para o ser humano — um minuto pode parecer uma hora, ou uma hora pode parecer um minuto.

Se isso vale para a nossa vida particular, vale mais ainda para a seqüência dos acontecimentos históricos.

E é por isso que a Astrologia pode ser um instrumento tão eficaz para a compreensão dos momentos de crise, tanto pessoais como coletivos.

E é isso que Max Klim oferece tão corajosamente (como convém a um filho de Áries) ao afirmar que a Era de Aquário começou exatamente no momento em que o homem pisou na Lua ou prever tempos difíceis para o povo e para o governo americanos, justamente no momento em que eles parecem estar numa situação de clara vantagem sobre o restante dos povos e países do mundo.

Colocada na linha do tempo e recuperada do seu sentido cíclico — que era tão caro ao homem medieval e é tão estranho ao homem moderno —, a trajetória da humanidade sobre a Terra ganha um sentido que alivia muito a sensação de pânico e de pasmo que não podemos evitar quando pensamos na realidade atual ou no futuro que estamos deixando para os nossos filhos.

Unidos pelo fio mágico e lógico da Astrologia, a substituição do homem de Neandertal pelo *Homo sapiens*, as grandes navegações, o atentado contra o World Trade Center e até a atual proposta política dos Estados Unidos ganham um novo colorido e permitem um tipo de interpretação mais distanciada e instigante do que a que está nos livros de história ou nas análises dos jornais.

Solidamente plantado na sua experiência de historiador, jornalista e astrólogo, Max Klim não se contenta em nos oferecer uma diferente leitura do passado ou uma interessante análise do momento presente. Ele ousa romper a fronteira do tempo e prever, com uma segurança surpreendente, a qualidade do futuro que nos aguarda nos próximos dois séculos.

O livro é polêmico. Muita gente vai se encantar, e muita gente vai discordar dele, mas todos os que o lerem vão estar sendo levados a pensar de uma nova maneira.

Segundo Max Klim, uma das marcas registradas da Era de Aquário...

Monica Horta
Jornalista e astróloga. Autora do livro
Aniversários: um olhar astrológico sobre a vida

Prefácio

Considerada estudo marginal, instrumento de charlatões, mistificação e engodo que usa da crendice popular, a astrologia, apesar de tudo, resiste íntegra há seis mil anos nas práticas do cotidiano das mais diferentes culturas.

Na arrogância típica de quem ascendeu ao domínio da palavra, da técnica e do conhecimento, a espécie humana se considera tão auto-suficiente que por si só se basta na evolução e na sua presença sobre a face do planeta.

Afrontando até mesmo os mais elementares princípios da física, finge desconhecer a importância e a força dos princípios da mecânica celeste e o fato de integrarmos minúscula partícula de um universo governado por forças que ainda desconhecemos na sua totalidade. O Sistema Solar é grão de areia até mesmo na própria constelação, a Via Láctea. E nesse microcosmo, o ser humano se julga Deus e conhecedor de tudo.

Ainda não se admite que em razão de todo um elenco de forças gravitacionais — fundadas no movimento da energia gerada por corpos celestes altamente pesados que se movimentam em processo imutável e constante —, sejamos todos nós, humanos, sujeitos a influências que variam de acordo com épocas e posições dos planetas, estrelas e satélites que nos cercam.

E fenômenos usuais, como o fluxo das marés, o crescimento dos pêlos, os surtos psicóticos, a fecundação e o nascimento, a interferência de tempestades solares no inconsciente coletivo, nas comunicações e no humor individual, são relegados, todos indistintamente, à vala comum da crendice e da empulhação.

E nós, donos da verdade, não admitimos sequer discutir o assunto.

Mas a própria evolução da espécie no planeta, sua história, é a mais evidente prova de que forças que ainda desconhecemos interferem em nosso desenvolvimento e o marcam. Um processo que não se deu simultaneamente em todas as civilizações, mas que as obrigou, a todas, a passar pelas mesmas fases e transformações.

Pouco importa se denominamos essas forças mecânica celeste, influência de atração gravitacional ou astrologia, pois a verdade está nos fatos que a própria História registra...

Parte I

O começo

— Leva bastante tempo para esta coisa descer até o fim, não é?...
— É...
— Vamos ver se ela abre...
— Ela está destrancada?
— Está...
— A porta está se abrindo...

As palavras de Neil Armstrong e de Edwin "Buzz" Aldrin soavam fracas na transmissão de 356 mil quilômetros, diretamente do Mar da Tranqüilidade, na Lua, para a base aeroespacial da National Air Space Administration, a Nasa, em Houston, Texas, centro de comunicação da missão Apolo 11.

No intercomunicador, a voz de Armstrong mostrava calma impressionante diante do episódio que se desenrolava ali, no Mar da Tranqüilidade, no até então misteriosamente romântico satélite da Terra, naquelas primeiras impressões trocadas em tom metálico e aparentemente distante com seu companheiro Edwin "Buzz" Aldrin.

Armstrong confirma a abertura da saída do módulo. Chega a Houston um som diferente naquela transmissão que assombrava o mundo. Nesse momento, às 23h42min18s, o ar do interior da Eagle escapava barulhento pela escotilha aberta do módulo lunar, o mais avançado artefato humano até então construído.

Um vulto branco, brilhante sob a luz solar, aparece na tela dos monitores do centro de controle da missão em Houston. Era Armstrong que, num desajeitado salto sobre a superfície lunar, transmite a fala longamente ensaiada: "É um pequeno passo para o homem, mas um gigantesco salto para a humanidade..."

No solo do Mar da Tranqüilidade, um vulto ensaia passos que a diferença de gravidade faz trôpegos e quase cômicos, levando o astronauta a se segurar à escada do módulo. Ele dá o primeiro deles, espalha poeira, a milenar poeira da Lua.

Iniciava-se, assim, a 356.334 quilômetros de distância da Terra, exatamente às 23h56m31s* de 20 de julho de 1969, a Era de Aquário...

Naquele domingo, 20 de julho, em meio à modorra de um dia de folga, um clima de ansiedade e curiosidade se espalha pelo mundo, marcando o momento especial na vida da humanidade.

Imagens de televisão pela primeira vez vindas do espaço prendem a atenção de milhões de pessoas que permanecem, estáticas, diante da que seria a primeira transmissão de cenas do homem em um evento fora do nosso planeta. Imagens pouco nítidas, marcadas por interferências, mostram então um dos maiores feitos da tecnologia. É a primeira missão tripulada a chegar a outro corpo do Sistema Solar, a missão da nave Apolo 11.

Encenava-se, para espanto nos mais diferentes quadrantes do planeta, a mais de trezentos mil quilômetros de distância, a chegada à Lua de dois pilotos de caça das Forças Armadas dos Estados Unidos, os astronautas Neil Armstrong e "Buzz" Aldrin.

Aquele momento e episódio que mudariam a história revelavam, à medida que o som distorcido da voz dos astronautas e a

---

* Hora padrão do Brasil — GMT-3h — equivalente a 02h56min31s na hora local norte-americana, GMT-5h, oficialmente usada para indicar a descida do homem na Lua já então no dia 21 de julho de 1969.

borrada figura de homens de branco num fundo cinza apareciam nas telas de TV, o distante solo da misteriosa Lua. Tratava-se da parte visível de um projeto ambicioso que se iniciara há muito tempo e que se materializou com o lançamento do foguete Saturno cinco dias antes. Um feito resultante da competição humana, bem a propósito do esforço de uma civilização pelo domínio e o poder em seu tempo.

Para a astrologia, data e feito indicam mudança e guardam significação muito maior que uma mera corrida tecnológica decorrente da bem humana Guerra Fria entre duas nações que disputavam o poder.

Naquele momento, quando se assinalava a passagem de 20 para 21 de julho de 1969 e ocorria na superfície lunar um ato dramático na evolução da humanidade, em nosso planeta se dava a mudança de regência astrológica. O Sol saía do signo de Câncer e caminhava para Leão, o signo seguinte, um evento que deixava de ser simples referência do horóscopo diário para avançar por marcos históricos do destino de toda a humanidade.

O que, apenas na aparência, deveria ser um domingo comum passa à História como o dia em que se realizou a primeira ação humana fora do planeta, em outro corpo celeste — representação simbólica de uma das datas mais significativas para a evolução da espécie.

Presa ao longo de milhões de anos à superfície de seu planeta natal, uma espécie de primata, ainda nos primórdios de sua evolução, começa uma aventura sem precedentes, colocando o gênio criador de um bípede hominídeo em outro corpo celeste. E, com esse ato, projeta um futuro que antecipa a chegada da vida a outros corpos celestes.

A primeira aventura do homem fora dos limites do planeta Terra e de seu campo gravitacional, onde vivemos ao longo de mais de um milhão de anos, mostra a caminhada evolutiva que se acelera cada vez mais. É um passo gigantesco para o primata que deixou sua condição essencialmente animal ao usar um osso como alavanca para movimentar uma pedra.

Foi um ato praticado exatamente no último dia de regência do Sol sobre o signo de Câncer que é, desde a mais longa Antigüidade, a representação do útero materno, da origem do ser, de sua primeira base emocional.

E, mais que isso, uma ação sob a regência da própria Lua, corpo celeste sobre o qual descia a Apolo 11, uma curiosa simbologia que nos lembra nascimento, o desprender-se do útero materno e o contacto com o mundo exterior exatamente no corpo celeste que governa Câncer.

O simbolismo da chegada do ser humano à Lua não recebeu atenção maior, uma vez que a este fato se sobrepôs a disputa científica pouco racional entre dois povos. O feito reduziu-se então à mera competição de duas nações pelo poder — de um lado, os militares responsáveis pelo programa espacial americano e cientistas da Nasa; do outro, seus colegas russos na distante Baikonur, e todos ainda excessivamente presos ao materialismo da Era de Peixes. Uma época que findava sem lhes dar a dimensão de seu significado além da simples conquista de domínio entre povos.

Sem que a maioria de nós atentasse para a representação simbólica daquele feito, três homens a bordo de um objeto criado e dirigido por esse ainda imperfeito descendente do *Homo habilis* — o homem das cavernas — deixavam a superfície de seu planeta natal e desciam em outro corpo celeste. Rompiam assim a atração gravitacional e caminhavam pelo vácuo absoluto em centenas de milhares de quilômetros numa trajetória balística calculada em milímetros para, ao final, aportarem em corpo espacial com movimento próprio e órbita distante.

A evocação desse simbolismo, o mais amplo na história da humanidade, marcava, sem que ainda o percebêssemos, o nascimento de uma nova época, um evento que pode ser equiparado a um verdadeiro parto da História. Um ser de diminuta vida nas medidas temporais que governam a evolução do Universo — trinta mil anos para o domínio terrestre da espécie *Homo sapiens sapiens* — conquista um mundo além do seu próprio hábitat natural e milenar.

Era o ser humano deixando o berço em que foi gerado e chegando ao estéril satélite natural da Terra. E o faz em momento especial para a astrologia. Momento em que o Sol, símbolo da vida, caminha de Câncer, o signo da origem, para Leão, a representação do poder e da ambição inovadora.

De forma bastante evidente, a simbologia de todos os atos daquele domingo se concentra no momento em que Neil Armstrong, deixando a escada do módulo lunar, em frase certamente ensaiada durante a longa jornada da Terra à Lua, afirma ser a descida do homem na Lua um "gigantesco salto para a humanidade".

Sem o saber, Neil Armstrong transforma-se no porta-voz da mudança histórica de uma Era da evolução terrestre. Chegávamos, com suas palavras transmitidas de forma precária em som pouco audível, à Era de Aquário.

E Armstrong, como o confessou mais tarde, nem sequer acreditava nos princípios astrológicos que dividem nossa história em Eras...

 **Capítulo I**

As Eras Astrológicas

"Quando ouvirdes falar de guerras e revoluções, não vos assusteis; pois é necessário que primeiro aconteçam estas cousas, mas o fim não será logo...

... levantar-se-á nação contra nação e reino contra reino;

... haverá grandes terremotos, epidemias e fome em vários lugares, cousas espantosas e também grandes sinais do céu..."

Lucas 21: 9 – 11

De forma acentuada, vêm crescendo nos últimos anos evocação e referência a uma "era dourada" para a humanidade, reflexo do imaginário popular na prática e esperança surgidas após o movimento *hippie* da década de 1960. Uma época popularizada por dois eventos que têm profunda ligação.

Poucos dias após a chegada do homem à Lua, o marco exato da mudança de regência da Era de Peixes para a Era de Aquário, realiza-se em uma fazenda no interior dos Estados Unidos, próxima a Nova York, um lugar chamado Woodstock, um festival que reúne centenas de milhares de jovens que pregam novos valores e o fim do domínio do "obscurantismo, do atraso, da arrogância e da prepotência das elites que dominaram o mundo ao longo da História".

Na mesma ocasião, nos palcos da Broadway, em Nova York, é encenada uma das mais impressionantes criações teatrais da história da cultura ocidental, a alegria irradiante dos cantos e danças de *Hair*, nova visão da vida e do comportamento, que tem seu ponto alto na letra e na música *Aquarius*.

Essa noção de Era Astrológica, difundida pelos episódios da década de 1960, vem ocupando espaços na mídia e nas crenças mais populares de forma crescente. Os conceitos e a vaga idéia de uma nova Era consagrada a Aquário surgiu de forma insistente entre os jovens que pleiteavam mudanças profundas na forma de agir da humanidade e atraíram para o assunto a mais polêmica das teorias.

Na chegada do homem à Lua, ficou patenteado o significado especial daquela época de mudanças e de invocação do futuro. E na forma mais dramática e espetacular que se poderia supor para o registro de uma mudança na vida da humanidade. Uma transformação muito mais ampla do que imaginaria o mais fértil dos visionários e o mais rigoroso dos profetas.

O objetivo da longa viagem de cinco dias daquela nave espacial — impulsionada pelo foguete Saturno, outra alusão astrológica importante — era parte da corrida espacial entre as duas grandes potências da época. Uma disputa que buscava colocar seres humanos sobre um corpo celeste a mais de 350 mil quilômetros de distância.

A propaganda feita pela Nasa, cheia de referências à supremacia do espírito realizador e do gênio criativo norte-americano — expressão da pequenez das ambições humanas reduzidas à confusa ideologia de domínio e resultado da disputa pelo poder —, mostra os avanços daquele povo, numa forma de divulgação típica da Era de Peixes que agonizava e da estreita visão dos dirigentes daquelas autodenominadas superpotências.

Sem essa exata consciência dos efeitos de seus atos, o ser humano cumpria, naqueles últimos minutos do dia 20 de julho e nos primeiros momentos de 21 de julho de 1969, mais uma etapa de um processo histórico que se repete desde o início dos tempos e que, aos poucos, vai sendo entendido como parte inevitável, e muitas vezes inconsciente, da evolução dos seres sobre nosso planeta.

A mudança periódica nos ciclos temporais, no que se convencionou chamar de Era Astrológica, é a alteração na medida de tempo que leva a humanidade a percorrer, a cada 2.160 anos, um movimento estelar chamado precessão, que representa o deslocamento do planeta, em forma pendular, em torno de seu próprio eixo.

Descoberta há mais de dois mil anos pelo astrônomo e astrólogo grego Hiparco,* a precessão é baseada no fato de que a Terra, por sua posição no espaço, tem leve inclinação à direita em seu eixo; assim, ao girar sobre si mesma, descreve um movimento em forma de cone, que se completa a cada 25.920 anos, tempo necessário a que volte ao ponto de partida dessa inclinação. Um movimento que nos lembra o bambolear de um pião.

Esse movimento em forma de cone, que se repete ciclicamente na trajetória do planeta pelo Sistema Solar, explica fenômenos astronômicos e geológicos que ocorrem na Terra desde o início dos tempos. Deles, possivelmente, o mais conhecido é a glaciação, responsável por profundas mudanças climatológicas que causam o aumento do volume de gelo nos pólos e o esfriamento da temperatura em todo o planeta, quando a Terra se

---

* Hiparco, o Grego, viveu em Rodes entre 161 e 127 a.C. Considerado o fundador da astronomia de posição, lançou as bases da trigonometria e propôs o primeiro método científico de determinação das longitudes, fixando o tamanho da Lua e a distância a que esta se encontra da Terra.

encontra com seu eixo inclinado em posição de maior distância do Sol.

Ao girar e expor uma de suas faces ao Sol, a Terra nos dá a noção de tempo que conhecemos por segundos, minutos, horas, dias, semanas, meses e anos. Da mesma forma, em milênios, com a precessão, o planeta altera sua posição no espaço, mostrando mudanças na posição do pólo magnético e criando o que chamamos Eras Astrológicas.

A precessão, movimento quase imperceptível por extremamente lento, se dá em conjunto com outro, a translação, caminhada da Terra em arco em torno do Sol. Nesse deslocamento bamboleante em torno de seu próprio eixo, o planeta descreve uma figura geométrica, a elipse, pela qual se dão os fenômenos dos equinócios e dos solstícios, pontos nos quais a Terra se situa mais próxima ou mais distante do Sol e que marcam início e fim das estações.

Para nós, observadores postados no solo terrestre, o planeta parece realizar apenas um lento movimento que nos dá o dia e a noite. Mas, ao girar sobre si mesma e em torno do Sol, com os seus deslocamentos cumprindo princípios rígidos de física, a Terra realiza simultaneamente todos estes três movimentos: rotação, translação e precessão.

Menos conhecida, a precessão desperta de pronto a curiosidade em torno dos efeitos de seu movimento de pião, imperceptível, com o giro do planeta em torno de si mesmo, inclinando-se para o lado e se curvando além desse círculo, como quem descreve uma volta completa em torno de um eixo imaginário. Esse movimento, denominado na mecânica celeste de eclíptica, se dá em um plano aproximadamente fixo, só alterado pela inclinação bamboleante do planeta ao cumprir todo um movimento circular de volta ao ponto de partida.

Nessa sua caminhada, a Terra realiza, com milímetros deslocamentos, o movimento de um verdadeiro balé cósmico, uniforme, em conjunto com os demais corpos que formam nosso minúsculo Sistema Solar, perdido em um canto isolado da galáxia.

Essa descrição da precessão se dá em tempo exato e nos mostra de forma muito clara a existência dos intrigantes ciclos de exatos 25.920 anos, os chamados Ciclos Astrológicos. Tais períodos, de forma matemática, também são compostos por divisões que nos remetem ao Zodíaco e suas 12 casas e hoje são conhecidas por Eras Astrais.

O movimento, para o qual a astrologia estipula um tempo aproximado de 26 mil anos, coloca o nosso planeta sob a regência periódica dos signos do Zodíaco, da mesma forma como o ano é dividido em períodos aproximados de trinta dias, um para cada signo. Tal conceito perdura em nossa cultura há mais de seis mil anos, desde que os caldeus formularam os primeiros princípios da astrologia ocidental.

A divisão dos Ciclos Astrais de 25.920 anos em 12 Eras de 2.160 anos, cada uma com o nome de um signo, rege os diferentes períodos da história humana com lapsos de tempo nos quais a nossa espécie tem sido condicionada a agir em consonância com uma escala de valores que, de forma impressionante, representa a influência que os signos exercem sobre todos os seres humanos.

As Eras Astrológicas, assim como nosso horóscopo cotidiano, cumprem outro dos princípios da mecânica estelar e têm movimentos em sentido inverso aos dos signos no Zodíaco como popularmente os conhecemos. Como se fossem um horóscopo lido de baixo para cima, os seus signos começam por Peixes e terminam em Áries.

Por isso a primeira das Eras dos Ciclos Astrais é contada a partir de Peixes, o último dos signos do horóscopo comum, e não por Áries, o primeiro deles. Cada um desses períodos astrológicos mostra, pela mais rigorosa das comprovações históricas, condições diferentes de influência ou regência de um signo com exata duração de 2.160 anos.

A própria evolução da humanidade na distante pré-história, apesar da inexistência de documentos ou registros, para o acerto da divisão do tempo em Eras Astrológicas por meio da análise mais acurada da documentação que se tem daquele período, dos poucos monumentos, de restos de cidades e de traços da presença humana e de fósseis. Cada uma dessas eras mostra-se sob a influência de um signo diferente, indicando coincidências com os ciclos históricos já estudados e documentados.

Pesquisas recentes identificaram de forma incontestável, e em detalhes, as quatro últimas Eras, incluindo a que terminou com a chegada do homem à Lua em 1969, a Era de Peixes. E as que as precederam também deixaram traços claros da evolução histórica da espécie humana.

Capítulo 2

A evolução: Neandertal e Homo sapiens

De forma impressionante, as características do comportamento humano, seus princípios éticos e morais, a forma de reação da nossa espécie ao ambiente do planeta mostram o acerto do conceito de Eras, comprovado que é pelas pesquisas da moderna arqueologia e pelos avanços da antropologia, responsáveis por descobertas que identificam no tempo as diferentes Eras da evolução astrológica da espécie humana.

A mais recente dessas descobertas comprova que, há cerca de trinta mil anos, desapareceu de áreas situadas na moderna Europa, de parte do que hoje conhecemos por Oriente Médio e de pontos isolados da Ásia uma espécie hominídea bem próxima a nós, o homem de Neandertal (*Homo neanderthalensis*), um tipo de grande primata, bípede, dotado de inteligência e habilidades que se assemelham às da espécie humana, com cérebro maior que o do humano moderno e com uma capacidade de adaptação física bem superior à nossa.

Essa espécie mais adaptada ao meio ambiente, de corpo robusto e cérebro com lóbulos e áreas maiores que os do homem moderno, foi substituída, em lapso de tempo não superior a dez mil anos, por outro ser, também humanóide, mais fraco, de cérebro ligeiramente menor e com reduzida aptidão para enfrentar os desafios da natureza em um planeta inóspito, sujeito a seguidas glaciações e profundas mudanças climáticas e ambientais e que, até então, era espécie dominada, dispersa e de pouca significação demográfica.

Tais descobertas, especialmente as realizadas na Península Ibérica e no Oriente Médio, apontam para uma rápida substituição do Neandertal pelo hominídeo conhecido por *Homo sapiens sapiens*, em um processo de ocupação de território feito de forma avassaladora, que se enquadra de modo notável na teoria da seleção natural das espécies proposta por Charles Darwin.

Os últimos espécimes de Neandertal cujos restos foram encontrados em Portugal e em alguns pontos da Ásia, datam de cerca de 28 mil anos. Constituem vestígios de esparsos grupos de hominídeos espalhados em sítios de menor importância, todos situados na periferia da área de domínio da nova espécie, a humana moderna, num claro indicativo de que os *neanderthalensis* foram expulsos, cedendo seu território e progressivamente se deslocando para pontos distantes, à medida que o *Homo sapiens* ocupava os antigos sítios de domínio Neandertal, as cavernas.

Por análises mais aprofundadas da evolução humana, pode-se comprovar com alto grau de certeza que atravessávamos, com aquela mudança de domínio territorial entre as duas espécies, mais um Ciclo Astral, responsável por algumas das mais importantes alterações na história da espécie animal que hoje domina o planeta.

Esse fim do domínio Neandertal e o começo da presença dominante do homem moderno, o *Homo sapiens sapiens*, nos revela, além das conhecidas e hoje familiares Eras Astrológicas, que ciclos maiores também existiram na história da evolução da espécie e marcaram de forma indelével a evolução dos hominídeos desde que o primeiro primata se destacou de seu grupo com o grunhido de alerta diante de uma ameaça até as conquistas de uma espécie capaz de pensar, criar e falar.

A presença do Neandertal, sabidamente um tipo humano de maior capacidade de adaptação ao ambiente que a nossa, durou por aproximadamente trezentos mil anos. Antes dele, o *Homo habilis*, também por outros trezentos mil anos, segundo os mais recentes estudos arqueológicos, ocupou o topo da escala evolutiva dos seres do gênero *Homo*, o dos grandes primatas.

Espécie diferente do *Homo habilis*, o Neandertal o substituiu em um período histórico de profundas alterações climáticas e geológicas na face do planeta. Com maior capacidade de adaptação a essas mudanças, com o corpo mais compacto e apropriado à conservação do calor durante as glaciações que se mostraram daí por diante e com hábitos que o aproximam bastante da consciência humana, essa espécie também humana, cumpriu um estágio evolutivo que, no entanto, terminou sem deixar continuadores.

Antes do *Homo habilis*, quantas outras foram espécies dominantes? É a pergunta ainda sem resposta na análise do desenvolvimento dos seres da árvore evolutiva das espécies quase simiescas que chamamos hominídeos.

Essa projeção no tempo de períodos de aproximadamente trezentos mil anos para domínios diferenciados de espécies hominídeas é plenamente justificada pelo período de domínio do Neandertal sobre o planeta. A comprovação dos restos fósseis dessa espécie, em melhor estado de conservação e de fácil datação pelos processos que hoje conhecemos, se dá pela contagem realizada pela moderna antropologia.

A presença e domínio *neanderthalensis*, representados pelos fósseis e pelos vestígios da existência dessa espécie em diferentes territórios, nunca foram datados em tempo superior a 350 mil anos e não mais recente que 28 mil anos, embora ainda sejam aproximados esses critérios de datação fóssil.

Todos esses cálculos nos levam a lapso de tempo próximo a trezentos mil anos que, em astrologia, se mostram bem próximos à soma de períodos astrológicos de longa duração que compreendem um curso completo pelas 12 casas do Zodíaco e que representam as Eras Astrológicas.

Esse lapso de tempo de domínio do Neandertal, que poderíamos situar em princípio entre 330.000 a.C. até data próxima a 25.000 a.C., quando começa sobre o planeta o domínio pleno do *Homo sapiens sapiens*, sugere uma fase que nos remete diretamente à divisão do Zodíaco em casas específicas, base de toda a astrologia ocidental.

Nessa fase, o Neandertal cumpriu um ciclo completo de evolução de pouco mais de trezentos mil anos, dividido em períodos menores, de 25.920 anos — o tempo de duração da precessão, a volta completa da Terra em torno de seu próprio eixo —, um lapso de tempo que uma espécie teria para completar todo seu processo evolutivo.

Esse lapso de tempo nos permite afirmar que a presença do Neandertal sobre a face da Terra justifica o período que denominamos Grande Era, ou seja, 12 Ciclos Astrais de 25.920 anos correspondendo às 12 casas zodiacais.

Todas as pesquisas até agora divulgadas mostram que até o aparecimento do chamado homem de Cro-Magnon — primeira espécie claramente identificada do homem moderno —, o Neandertal era uma espécie melhor adaptada às condições ambientais do planeta que qualquer outra dos grandes primatas.

Eram eles hominídeos de estatura menor que a humana moderna, com ossos fortes, maxilar maior, protuberância pronunciada acima dos olhos e membros inferiores curtos. Mostravam notável capacidade de adaptação ao clima gélido das eras glaciais, com ossos compactos, próprios para menor liberação do calor corporal, apresentado assim o típico desenho anatômico de um ser feito para sobreviver nas geleiras que tomavam toda a face da terra habitada e chegavam até à estreita faixa equatorial, de clima mais ameno.

Não se conhecem até agora, apesar de todo esse aparato genético de adaptabilidade ao clima e ao ambiente, as razões do fim do domínio do Neandertal sobre o planeta. Depois de cumprir um ciclo completo de pouco mais de trezentos mil anos, a espécie desaparece e é substituída por outra, mais equipada fisicamente, embora com um biotipo mais frágil.

Capítulo 3

Os Ciclos Astrais

Todas as comprovações arqueológicas e as teses científicas da evolução das espécies apontam para períodos determinados de domínio de uma espécie sobre outra, em um processo que se alonga até o aparecimento e prevalência dos primeiros grandes sauros sobre o planeta.

Por uma constatação que nos sugere a análise fóssil, esses períodos, depois da extinção dos grandes répteis do período jurássico, se situam sempre em torno de trezentos mil anos.

Até mesmo durante a lenta evolução dos dinossauros, espécies diferentes ocuparam o topo do Ciclo evolucionário por lapsos temporais limitados a Ciclos periódicos que ainda não podemos determinar com exatidão.

Mas sabemos bem que, desde então, uma espécie mais evoluída e adaptável viria a se impor a outra, numa seqüência que se repetiu ao longo de milhões de anos, de forma imutável. Os registros fósseis são o documento mais evidente desses Ciclos.

Como círculos concêntricos, tais como as ondas provocadas pela pedra atirada sobre a superfície de um lago, esses períodos compreendem e encerram outros em movimentos zodiacais que se desenvolvem em sentido contrário ao que terminou.

Vem daí a denominação de Grandes Eras de 311.040 anos, compostas por Ciclos Astrais de 25.920 anos representativos de um processo datado astronomicamente e que nos leva ao movimento da precessão.

Esse período em que o planeta percorre um círculo exato em torno de seu eixo nos parece um tempo marcado para o domínio de uma espécie que cumpre assim a passagem por todas as 12 casas do Zodíaco, do nascimento à morte, na rigidez dos princípios evolucionários que afetam a todos os seres vivos.

Dentro desse mesmo princípio de que a evolução das espécies segue caminho astrológico específico com sua passagem pelas 12 casas zodiacais, não é ocioso afirmar que existem outros períodos da evolução do ser humano também vinculados ao Zodíaco, numa espécie de lei evolutiva geometricamente colocada em um círculo perfeito.

Dessa forma, se constatamos a existência de Grandes Eras com 311.040 anos, divididas em Ciclos Astrais de 25.920 anos, correspondendo cada um deles a uma casa zodiacal, chegamos ao conceito mais familiar de Eras Astrológicas de 2.160 anos, vinculadas que são ao tempo da precessão.

Como não poderia deixar de ser, essas Eras, por sua vez, também são divididas pelas 12 casas do Zodíaco em Ciclos menores que denominamos Grandes Signos, com duração de 180 anos e que são fartamente documentados na história da humanidade nos últimos milênios, época em que o acesso às fontes históricas se tornou possível pela escrita e pela evidência presencial de construções, monumentos, ruínas e memória.

Nas últimas Eras, a identificação desses Grandes Signos, torna-se clara em razão dessa documentação. Da Era de Peixes, encerrada em 1969, dispomos dos relatos mais confiáveis, escritos, construções, memória oral, tradição e documentos os mais diferentes.

Em relação às anteriores, à medida que nos distanciamos no tempo e conseqüentemente encontramos um menor número de expressões orais e escritas, se torna cada vez mais difícil determinar os limites desse processo com exatidão, embora isso não se mostre tão improvável.

A divisão da história das mais diferentes civilizações também se submete a esse mesmo princípio de Ciclos de nascimento, crescimento, domínio e declínio, em um movimento que parece seguir um princípio universal único, comum a todas elas.

Os indicadores da sucessão desses períodos, até onde alcança a memória histórica dos seres humanos, nos mostram a existência de Ciclos comuns a todas as culturas e civilizações que, apesar de não coincidentes no tempo, são iguais e rigorosamente exatos. E, das civilizações mais antigas, o mais documentado deles está ligado à divisão da civilização egípcia em dinastias e a toda a sua evolução nas margens do Nilo, o surgimento dos primeiros reis e dos faraós negros da Núbia.

Se conhecemos as Eras mais recentes por identificá-las com as características próprias de seus regentes, ainda não sabemos com exatidão os regentes dessas Grandes Eras de pouco mais de trezentos mil anos.

As descobertas fósseis ainda não nos permitem uma visão abrangente que dê o sentido geral de um Ciclo tão amplo como é o desse lapso de tempo que muda espécies, altera a evolução, convulsiona o planeta e vê surgir espécies e desaparecer seres os mais diferentes.

Caberá à paleontologia futura, com maior exatidão nas análises, classificar suas descobertas quanto às diferenças na evolução dos seres, situando-as no tempo e no espaço sem o impreciso processo de datação com o uso do carbono 14, como hoje é feito.

Capítulo 4

A evolução histórica

Para melhor compreensão desses Ciclos, expomos sua classificação com base nos estudos da História e da moderna astrologia.

Os Ciclos Astrais

Têm movimento equivalente ao do ponteiro do relógio e percorrem o Zodíaco de Áries para Peixes, como se dá no horóscopo comum. Cada Ciclo Astral dura 25.920 anos, o que faz com que sua passagem pelas 12 casas do Zodíaco forme uma Grande Era de 311.040 anos. Assim, as datas mais prováveis de início desses Ciclos durante o domínio do Neandertal e antes do surgimento do homem moderno são:

→ Ciclo Astral de Áries (inicia-se em 337.151 a.C.)
→ Ciclo Astral de Touro (311.231 a.C.)
→ Ciclo Astral de Gêmeos (285.311 a.C.)
→ Ciclo Astral de Câncer (259.391 a.C.)
→ Ciclo Astral de Leão (233.471 a.C.)

→ Ciclo Astral de Virgem (207.551 a.C.)
→ Ciclo Astral de Libra (181.631 a.C.)
→ Ciclo Astral de Escorpião (155.711 a.C.)
→ Ciclo Astral de Sagitário (129.791 a.C.)
→ Ciclo Astral de Capricórnio (103.871 a.C.)
→ Ciclo Astral de Aquário (77.951 a.C.)
→ Ciclo Astral de Peixes (inicia-se em 52.031 a.C.)
→ Fim dos 12 Ciclos da Grande Era Neandertal

Daí por diante, inicia-se uma nova Grande Era caracterizada pelo domínio de uma nova espécie sobre o planeta, A Grande Era do *Homo sapiens*.

Da mesma forma como ocorreu no período anterior, o do domínio *neanderthalensis*, essa Grande Era é também dividida em 12 Ciclos de 25.920 anos. Ela começa por um novo Ciclo Astral regido por Áries e que coincide com esse domínio do homem. O relógio do tempo marca novamente:

→ Ciclo Astral de Áries — de 26.111 a.C. a 191 a.C. (O primeiro ciclo de domínio humano.)
→ Ciclo Astral de Touro — de 191 a.C. a 25.729 da nossa Era (Ciclo atual de domínio humano)
→ Ciclo Astral de Gêmeos — de 25.729 a 51.649
→ Ciclo Astral de Câncer — de 51.649 a 77.569
→ Ciclo Astral de Leão — de 77.569 a 103.489
→ Ciclo Astral de Virgem — de 103.489 a 129.409
→ Ciclo Astral de Libra — de 129.409 a 155.329
→ Ciclo Astral de Escorpião — de 155.329 a 181.249
→ Ciclo Astral de Sagitário — de 181.249 a 207.169
→ Ciclo Astral de Capricórnio — de 207.169 a 233.089
→ Ciclo Astral de Aquário — de 233.089 a 259.009
→ Ciclo Astral de Peixes — de 259.009 a 284.929

A cada 25.920 anos, a evolução da humanidade passará por casas específicas do Zodíaco até chegar à última delas, Peixes, por volta do ano 284.929 d.C.

As Grandes Eras

Com o fim do Neandertal iniciamos uma nova Grande Era Astrológica específica do domínio humano sobre o planeta e que deve durar 311.040 anos. Nela, reiniciamos a contagem do tempo para novos Ciclos Astrais, repetindo o movimento do Zodíaco.

É por esse cumprimento da divisão zodiacal sempre em 12 casas, que situamos, com o início do domínio humano sobre a Terra, um novo Ciclo Astral de Áries que prevaleceu de 26.111 até o ano 191 a.C. quando a humanidade iniciou uma nova caminhada, menos voltada ao domínio físico e das armas, para maior apego à realidade, à praticidade e aos princípios essenciais ao signo de Touro, comuns neste momento inicial do Ciclo que nos levará à conquista da estabilidade da espécie.

Daí em diante, esse relógio evolucionário por Ciclos Astrais se deslocará para os signos seguintes, até cumprir toda a evolução da espécie humana ao longo de 311.040 anos até o fim da atual Grande Era que se estenderá até o ano 284.929 d.C.

Nesse ponto surge a noção das divisões menores, mais conhecidas, as Eras Astrológicas, um conceito que vem se popularizando na civilização moderna e que explicamos a seguir.

As Eras Astrológicas

Com a divisão dos Ciclos Astrais em 12 casas, temos 12 Eras diferentes que realizam um movimento contrário ao do ponteiro de um relógio e têm duração de 2.160 anos cada uma. A primeira delas, no Ciclo de domínio do *Homo sapiens*, foi a de

Peixes, vivida a partir de 26.111 a.C. até o fim do primeiro dos Ciclos de domínio humano sobre a Terra em 191 a.C. Das últimas dessas Eras do Ciclo anterior temos evidências claras e, das mais recentes, do atual Ciclo, a mais farta documentação já registrada pelo ser humano.

As Eras Astrológicas, com sua projeção no passado e no futuro da humanidade são as seguintes:

Primeiro ciclo do Homo sapiens

- → Era de Peixes — de 26.111 a.C. a 23.951 a.C.
- → Era de Aquário — de 23.951 a.C. a 21.791 a.C.
- → Era de Capricórnio — de 21.791 a.C. a 19.631 a.C.
- → Era de Sagitário — de 19.631 a.C. a 17.471 a.C.
- → Era de Escorpião — de 17.471 a.C. a 15.311 a.C.
- → Era de Libra — de 15.311 a.C. a 13.151 a.C.
- → Era de Virgem — de 13.151 a.C. a 10.991 a.C.
- → Era de Leão — de 10.991 a.C. a 8.831 a.C.
- → Era de Câncer — de 8.831 a.C. a 6.671 a.C.
- → Era de Gêmeos — de 6.671 a.C. a 4.511 a.C.
- → Era de Touro — de 4.511 a.C. a 2.351 a.C.
- → Era de Áries — de 2.351 a.C. a 191 a.C.

Ciclo atual de domínio do Homo sapiens

- → Era de Peixes — de 191 a.C. a 1.969 d.C.
- → Era de Aquário — de 1.969 nestes nossos dias a 4.129
- → Era de Capricórnio — de 4.129 a 6.289
- → Era de Sagitário — de 6.289 a 8.449
- → Era de Escorpião — de 8.449 a 10.609
- → Era de Libra — de 10.609 a 12.769
- → Era de Virgem — de 12.769 a 14.929
- → Era de Leão — de 14.929 a 17.089
- → Era de Câncer — de 17.089 a 19.249

→ Era de Gêmeos — de 19.249 a 21.409
→ Era de Touro — de 21.409 a 23.569
→ Era de Áries — de 23.569 a 25.729

Por essa datação astrológica, vivemos agora, depois de 2.160 anos de domínio de Peixes, a Era de Aquário, segunda do atual ciclo.

Os Grandes Signos

No princípio de divisão de períodos concêntricos que regem a vida astrológica da espécie humana e de todas as espécies vivas sobre a face da Terra, cada Era Astrológica é dividida em 12 períodos zodiacais que denominamos Grandes Signos.

No movimento que caracteriza o transcurso do tempo pelas casas do Zodíaco nas suas diferentes divisões, os Grandes Signos seguem a mesma direção do ponteiro do relógio, têm duração de 180 anos e correspondem à divisão de uma Era de 2.160 anos pelas 12 casas zodiacais.

Na Era de Peixes tivemos, com suas respectivas datas iniciais e seus términos, os seguintes Grandes Signos:

→ Grande Signo de Áries (de 191 a.C. a 11 a.C.)
→ Grande Signo de Touro (de 11 a.C. a 169 d.C.)
→ Grande Signo de Gêmeos (de 169 d.C. a 349 d.C.)
→ Grande Signo de Câncer (de 349 a 529 d.C.)
→ Grande Signo de Leão (de 529 a 709 d.C.)
→ Grande Signo de Virgem (de 709 a 889 d.C.)
→ Grande Signo de Libra (de 889 a 1.069 d.C.)
→ Grande Signo de Escorpião (de 1.069 a 1.249 d.C.)
→ Grande Signo de Sagitário (de 1.249 a 1.429 d.C.)
→ Grande Signo de Capricórnio (de 1.429 a 1.609 d.C.)
→ Grande Signo de Aquário (de 1.609 a 1.789 d.C.)
→ até o Grande Signo de Peixes (de 1.789 a 1.969 d.C.)

Na Era de Aquário, estamos vivendo o seu primeiro Grande Signo, que se alonga até o ano 21.469. Daí por diante, com suas respectivas datas iniciais e seus términos, teremos os seguintes Grandes Signos de Aquário:

→ Grande Signo de Áries — de 1.969 a 2.149
→ Grande Signo de Touro — de 2.149 a 2.329
→ Grande Signo de Gêmeos — de 2.329 a 2.509
→ Grande Signo de Câncer — de 2.509 a 2.689
→ Grande Signo de Leão — de 2.689 a 2.869
→ Grande Signo de Virgem — de 2.869 a 3.049
→ Grande Signo de Libra — de 3.049 a 3.229
→ Grande Signo de Escorpião — de 3.229 a 3.409
→ Grande Signo de Sagitário — de 3.409 a 3.589
→ Grande Signo de Capricórnio — de 3.589 a 3.769
→ Grande Signo de Aquário — de 3.769 a 3.949
→ até o Grande Signo de Peixes — de 3.949 a 4.129

Esses períodos de 180 anos são demonstrados de forma eloqüente na história documentada da humanidade e, para bem avaliar o que significam tais divisões, devemos levar em conta que, em astrologia, tudo se rege pela divisão do Zodíaco em casas sistematizadas pelos caldeus há cinco mil anos e ordenadas astronomicamente pelos gregos um pouco mais tarde. Os signos denominam e representam essas casas. As características de cada uma delas são refletidas no período de tempo de seu domínio.

A primeira casa zodiacal é representada pelo signo de Áries, o signo da criação e o primeiro do Zodíaco comum. Para que se entenda melhor esse conceito descrevemos a seguir o significado de cada casa zodiacal.

Áries — Casa 1

É a identidade e a casa da vida. Representa o início e a criação, os primeiros anos da infância, mostra a explosão da vida e simboliza o aparecimento da expressão individual, o modo de se expressar e a exteriorização.

Touro — Casa 2

É a casa dos valores e significa bens materiais. Simboliza o surgimento da inteligência realista. É o primeiro contato do ser com a própria terra. Representa a noção de posse, a fixação, a segurança material.

Gêmeos — Casa 3

É a casa da percepção e representa relacionamentos e companheirismo. É o momento da comunicação. Simboliza a habilidade prática e a virtude do ser. Mostra a necessidade do contato com o mundo e se expressa pela palavra, a comunicação com o mundo.

Câncer — Casa 4

É a casa da segurança e mostra as conclusões. É o momento da fecundidade. Revela o valor e a importância dos nossos sonhos. Representa a inteligência sensorial intuitiva e simboliza a nossa base emocional.

Leão — Casa 5

É o domicílio da criatividade, também uma casa de vida. Nesse momento nasce a vontade, a ambição realizadora do ser. Aqui se expressam o poder e a força da idéia. Mostra o lar, e a afetividade e a criatividade aplicadas.

Virgem — Casa 6

É a casa do dever e se liga aos bens materiais. Nesse momento zodiacal surge a sensibilidade. Junto a ela, aparecem a sobriedade, o escrúpulo, a capacidade de observação e o dom humano da classificação. É a época do servir e do trabalhar.

Libra — Casa 7

Nessa fase o ser encontra a harmonia do tempo já vivido e vislumbra o que resta a viver. Surge a noção do pacifismo, a capacidade de conciliação, a inteligência observadora e se desenvolve a ação em sociedade.

Escorpião — Casa 8

É o momento em que o ocultismo aparece e as questões financeiras ganham maior expressividade. O ser se liga aos seus mortos e antepassados e nesta casa ocorrem as grandes transformações da vida.

Sagitário — Casa 9

Aqui surge o caráter místico da vida e, pela experiência vivida, valorizam-se as profissões. Ganha valor a instrução superior, e as preocupações se voltam aos assuntos jurídicos. O ser se prende aos ideais do espírito.

Capricórnio — Casa 10

A posição social, a honra, o poder e a reputação, quando ligadas à profissão, têm um papel dominante na vida do ser. É a aplicação prática da experiência e a conquista de objetivos.

Aquário — Casa 11

Nesse período ganham significação os valores acumulados e os nossos desejos e sonhos. Passamos a valorizar a fraternidade e as amizades. Os nossos projetos de vida têm maior presença no cotidiano.

Peixes — Casa 12

Agora, para o ser, vale mais a aprendizagem emocional, e ele se preocupa com o confinamento e a prisão diante dos espaços abertos que a vida oferece. O hospital, o oculto e os inimigos secretos se somam às perturbações e aos obstáculos em suas preocupações. Há a preparação para o renascimento.

O registro histórico da humanidade mostra, de forma impressionante, essa divisão de regência das casas sobre cada época, como detalhamos nos capítulos seguintes. Deste período historicamente documentado e comprovado surgem os elementos que mostram claramente as Eras de Gêmeos e Câncer e, de forma menos explícita, as de Touro e de Áries.

Para tornar ainda mais claros tais conceitos, veremos pelos gráficos a seguir (Figuras 1 a 4) os movimentos das Grandes Eras, dos Ciclos Astrais, das Eras Astrológicas e, por conclusão, dos Grandes Signos, períodos que seguem os mesmos princípios da divisão do Zodíaco em 12 casas:

Figura 1 — As Grandes Eras

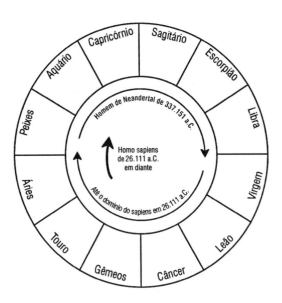

- *Neandertal — de 337.151 a.C. a 26.111 a.C.*
- *Homo sapiens — A partir de 26.111 a.C.*

A HISTÓRIA REINTERPRETADA PELA ASTROLOGIA

Figura 2 — Os Ciclos Astrais

Período Neandertal

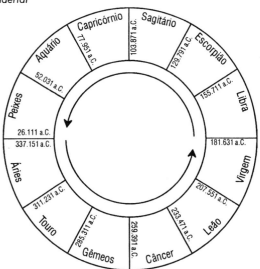

Período do Homo sapiens sapiens

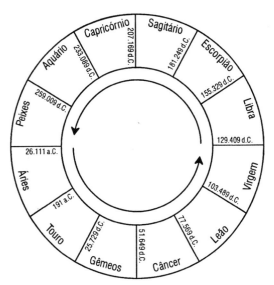

Figura 3 — As Eras Astrológicas

Primeiro Ciclo de domínio do Homo sapiens

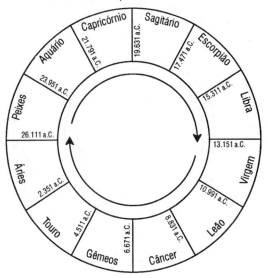

Segundo Ciclo de domínio do Homo sapiens (Ciclo atual)

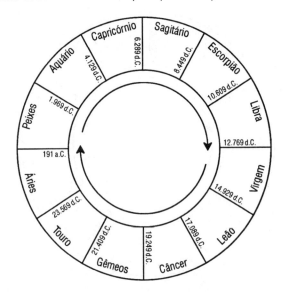

A HISTÓRIA REINTERPRETADA PELA ASTROLOGIA

*Figura 4 — **Os Grandes Signos***

Na Era de Peixes

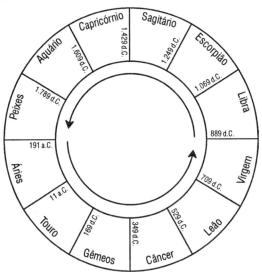

Na Era de Aquário

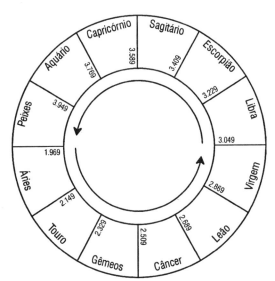

Capítulo 5

As Eras próximas

Por dedução, e vinculando a evolução humana ao princípio de regência planetária da astrologia comum, após o fim do domínio do Neandertal tem início o período marcado pela dominação do homem moderno sobre o planeta, regido então pelo signo de Áries, símbolo do nascimento e da criação, ponto inicial do Zodíaco que representa um primeiro Ciclo histórico de 25.920 anos.

Com essa duração em anos contados a partir de uma época bem aproximada daquela em que se deu a extinção do Neandertal, vemos o surgimento do domínio territorial do *Homo sapiens sapiens*, o homem moderno, de conformação física igual à que temos hoje. Essa espécie começa a cumprir então um período que se vincula de forma notável ao princípio da explosão de uma semente, o nascer de um novo ser do gênero *Homo*, o surgir de uma nova vida dominante sobre o planeta.

É o homem moderno um ser dotado de mente criativa que deixa a caverna, hábitat ancestral de espécies humanóides, e, à força do tacape, conquista desde as suas mulheres até o território sob domínio do vizinho, arriscando-se a céu aberto na obtenção de seu espaço e de seu lugar na História.

Os primeiros passos

O domínio do *Homo sapiens sapiens* se dá em época próxima ao ano 26.111 a.C. É quando começa o Ciclo Astral de Áries, o primeiro da atual Grande Era, simbolizando em termos astrológicos o nascimento e a força criativa de uma espécie que, embora coexistisse com o Neandertal, a partir daí surge para dominar, por sua força explosiva, irradiante, criativa, impositiva, todo um mundo em torno de si, em clara evocação da simbologia de Áries.

Ao longo destes 25.920 anos, os humanos de conformação atual se impõem dominando o planeta, como fazem os nativos de Áries por toda a sua vida, numa incessante conquista de espaços. É nessa fase que a nossa espécie mostra sua expressão individual, inventando os elementos necessários à afirmação de seu domínio, mudando a estrutura mental e criando sobre o nada ou aprimorando o que já existia.

Trilhando Era após Era todo um Grande Ciclo, o ser humano se eleva da condição quase animal de um bípede com linguagem de poucos sons, coberto de pêlos, caçando com instrumentos de pedra apenas polida e se escondendo em cavernas, aos níveis sociais incomuns e altamente complexos de nossos dias.

Nossa espécie se impõe territorialmente, se torna conhecedora da palavra, domina o fogo e a técnica e, como ponto alto desse processo, habita aglomerados novos, as cidades, torna-se sedentária, desenvolve seus próprios e elaborados instrumentos, e cria a tecnologia que a leva ao espaço e a outro mundo em curto lapso de tempo na contagem histórica.

Se bem conhecemos a Era de Peixes, vivida de 191 a.C. a 1.969 d.C., e as duas outras que a antecedem, as demais Eras, distanciadas no tempo e sem registro, são identificadas apenas por detalhes da herança que recebemos de poucos documentos, monumentos e construções.

Esse quadro da evolução dos seres humanos dos pontos de vista histórico e astrológico se desenha por relatos orais e pela tradição que nos mostram os traços e heranças de civilizações que nos antecederam na chamada Antigüidade histórica.

As Eras distantes

Voltando no tempo, localizamos pelas pesquisas arqueológicas mais sérias as principais Eras do primeiro Ciclo Astral vivido pelo *Homo sapiens* em seu domínio pelo planeta.

Dentro do princípio que os Ciclos se dividem em Eras, contadas na roda do Zodíaco no sentido dos ponteiros do relógio, de Peixes para Áries, a primeira das Eras históricas, identificada com a décima segunda casa zodiacal seria a da adaptação dos humanos ao ambiente tomado dos Neandertal — a primeira Era de Peixes que se desenrola de 26.111 a.C. a 23.951 a.C. e que antecipa o domínio que a espécie hoje tem sobre o planeta.

Nesses primeiros 2.160 anos de domínio humano, nossa espécie mostra suas forças e fraquezas. Presa às cavernas, sente-se confinada e isolada. Descobre que é possível cuidar dos ferimentos de cada um dos membros do grupo e daqueles que vivem ao seu lado; desenvolve o sentido de atenção aos companheiros; inicia um primário sentido de sociabilidade.

Seu psiquismo molda um processo de desenvolvimento da emotividade em razão do qual aprende a sorrir e descobre o primeiro gesto de carinho. Range os dentes e emite sons guturais de repúdio e raiva que, aos poucos, se tornam linguagem. Os perigos ocultos ou desconhecidos rondam sua existência; a autodestruição, resquício da origem animal de épocas anteriores, se manifesta em acessos descontrolados de raiva ainda instintiva.

Depois, esse ser privilegiado ingressa em um período que vai determinar seu desenvolvimento. De 23.951 a.C. a 21.791 a.C., a espécie humana vive a primeira Era de Aquário, fase que no Zodíaco identificamos com a décima primeira casa, setor responsável pelas primeiras manifestações de aproximação do ser humano com o seu semelhante, companheiro de abrigo em busca de proteção coletiva contra o ataque das espécies mais agressivas que viviam ao redor de sua caverna.

Nesse momento da História, o homem conhece o valor da recompensa pelo que obtém com a caça, e descobre o poder e a força de seu tacape. Os primeiros instrumentos ganham forma mais elaborada e afiam-se armas de ataque e defesa. Pela primeira vez, o ainda tosco ser humano se associa a outros na busca de objetivos comuns.

Na fase seguinte, aproximadamente de 21.791 a.C. a 19.631 a.C., já então na Era de Capricórnio, que corresponde à décima casa zodiacal, aparecem os primeiros sinais do trabalho ordenado, ainda rudimentar, e as manifestações de conhecimento do valor das coisas. Com isso, surge o sentido da posse e da propriedade como evolução para o domínio do território, uma noção que altera profundamente a forma de ser e agir da espécie.

"A caverna que eu ocupo é minha", diz o humano, que aprende a se defender das intempéries e dos inimigos por meio de uma forma elaborada de trabalho, edificando em torno de si as primeiras estruturas de defesa que lhe garantem a incolumidade física. A espécie dá os primeiros passos de sua socialização relacionando-se com os indivíduos próximos, um círculo primário de relações. As primeiras manifestações de religiosidade surgem com o respeito às forças da natureza e o medo do desconhecido.

Na seqüência histórica das Eras, sob Sagitário, aparece a atração pelos campos e espaços situados fora da caverna. Descobrir o que havia além, desvendar o desconhecido em torno de seu território, é então o que domina o homem, fazendo-o manifestar sua curiosidade. Ele busca a liberdade além do seu núcleo de vida. Essa Era, de 19.631 a.C. a 17.471 a.c., é representada pela nona casa zodiacal, aquela que nos fala de aspiração pela vida livre, de sonhos e visões, do superconsciente, das primeiras manifestações da mente superior e da consciência de que a espécie é a mais bem-dotada e a mais preparada intelectualmente entre todas as outras.

As saídas do hábitat se tornam mais freqüentes e, a cada vez, mais longas com a descoberta do mundo em torno da morada primitiva. O primeiro xamã ou sacerdote faz dos raios e trovões razão de sua força. As ervas são descobertas como fonte de alimento e cura, o ser humano se identifica como espécie diferente e sua descendência passa a ganhar maior importância.

Na Era seguinte, a de Escorpião, o sexo deixa de ser mera função procriadora, instintiva e quase animal e assume a emoção do prazer. O ser humano descobre a existência da relação física como ato de satisfação individual. Nesse período dominado pela oitava casa zodiacal, que vai de 17.471 a.C. a 15.311 a.C., o apoio do grupo se manifesta nos atos individuais e o ser humano percebe que suas pequenas posses — o machado e instrumentos de corte e impacto, suas contas e cabaças, seus colares e peles — são bens importantes para o cotidiano.

Essa é a fase em que a noção de descendência e grupo se amplia, envolvendo os que partilham a proximidade das cavernas. As ferramentas são agora trabalhadas e enfeitadas, muitas vezes com sentido místico e religioso. As cavernas ganham pinturas rupestres e passam a ser defendidas com muros de pedra, tornando-se refúgio e abrigo, no que se revela a primeira noção de conforto e qualidade de vida.

A capacidade de recuperação física é descoberta com o uso dos recursos existentes nas proximidades da morada primitiva, e os doentes não mais são abandonados à própria sorte. O grupo se amplia e surgem os primeiros dominadores, ancestrais dos chefes que se seguiriam em eras posteriores. O mais forte assume o controle e a proteção do grupo, e o homem toma consciência das doenças e da possibilidade de curá-las.

A chegada à primeira Era de Libra, de 15.311 a.C. a 13.151 a.C., identificada como sétima casa zodiacal, significa um dos mais importantes avanços na evolução da espécie. O ser humano descobre que a parceria lhe dá força, e os primeiros grupos estáveis se formam em seu hábitat. Nessa ocasião, o homem desenvolve um sentido de avaliação crítica e de julgamento dos atos dos que integram seu grupo tribal ainda que este seja embrionário.

A noção de certo e de errado começa a ganhar forma, surgem normas de comportamento, e o líder do grupo assume as posições de avaliador e julgador. As primeiras manifestações de cooperação entre grupos diferentes aparecem nessa época, que também revela uma tímida forma de monogamia. O homem vive então sob o domínio de um matriarcado que dá à fêmea que procria importância maior no grupo.

Por esse tempo, se busca na opinião alheia — na apreciação coletiva e no conselho dos mais idosos — a forma de aprimoramento da avaliação individual para fatos e pessoas. Morada, instrumentos, manifestações religiosas e artísticas aparecem de modo mais requintado, com a cor assumindo papel importante e a arte surgindo como meio de expressão. O ser humano descobre o valor da propriedade, não importando sua dimensão, seja ela um machado ou uma caverna.

Na Era de Virgem, que se segue no período de 13.151 a.C. a 10.991 a.C., o ser humano ingressa na sexta casa zodiacal. É quando evolui para o detalhe e o cuidado, que passam a dominar suas preocupações com o trabalho, a saúde e os hábitos do cotidiano. Nota-se profunda evolução na capacidade de observação dos seres da espécie que, agora, deixam de reagir apenas ao ambiente como um todo e passam a interagir com pequenos detalhes de suas vidas.

Uma árvore torna-se mais importante que o grupo de florestas em torno. Presta-se mais atenção ao que se come e ao que se faz. O cozimento de alimentos é adotado como uma forma cômoda de se alimentar melhor. O homem descobre o prazer de saborear um alimento elaborado, ainda que de forma tosca, e desenvolve noções primárias de preservação da saúde. As roupas ganham detalhes e os instrumentos se tornam mais numerosos e diversificados com a descoberta da especialização na forma e na sua finalidade.

Noções de temperatura e umidade passam a integrar as preocupações mais amplas, como morada e vivência. A manifestação artística se torna mais elaborada e os enfeites ganham o corpo e começam a adornar os próprios instrumentos.

Passa a nossa espécie a viver a sua primeira Era de Leão, de 10.991 a.C. a 8.831 a.C., período em que as influências da quinta casa zodiacal se fazem sentir sobre o homem, que conquista então novos rumos. Desenvolve o senso de domínio e de poder e toma consciência de sua força física e de sua supremacia sobre a natureza.

É também nesse momento que o ser humano descobre a diversão e o prazer, e o grupo se mobiliza para sua prática. A espécie reconhece atividades além das de simples sobrevivência e amplia seu campo de ação. O processo criativo se revela em todos os campos da atividade do grupo e os primeiros sinais pictóricos são o meio de expressão do pensamento. O uso do corpo nesse tipo de expressão leva ao aparecimento das primeiras formas do teatro que mostram a representação do imaginário de cada indivíduo, e esta é incorporada ao cotidiano da espécie como meio de manifestação do grupo.

Na Era de Leão, os humanos iniciam uma forma primária de educação dos membros mais jovens do grupo. O treinamento deixa de ser dado apenas ao adulto e é ministrado aos mais jovens, que ainda se abrigam em recantos naturais, grutas e cavernas, agora adornadas e trabalhadas. A cerâmica surge como a manifestação mais evidente das artes, e as pinturas rupestres expressam o sentido dramático da vida do ser humano na busca de um registro de cenas do cotidiano que ficará para seus descendentes.

Nesse ponto, baseados em registros históricos encontrados pelas mais importantes descobertas arqueológicas e na datação feita de restos de grupos humanos que viveram em pontos diferentes do globo terrestre, podemos situar com certeza as Eras que precederam o atual Ciclo. A Antigüidade histórica está documentada em um processo hoje bem mais seguro, comprovado cientificamente pelos estudos da arqueologia e da antropologia nas décadas finais do século XX.

Dessas Eras, as quatro últimas têm características bem definidas e mostram, com pequena margem de erro, provocada pela impossibilidade de exata datação de fósseis, que a humanidade viveu, comprovadamente, a fixação das suas principais características.

São elas:

Era de Câncer — De 8.831 a.C. a 6.671 a.C.

Consolidação das noções e dos laços de família, parentesco e consangüinidade e do matriarcado. É o período que corresponde à quarta casa do Zodíaco e rege o lar, os pais, a família e as raízes que se formam ao longo de nossas vidas. Há o aparecimento de forte apego à hereditariedade e surgem as primeiras manifestações de respeito aos princípios de privacidade. Dessa ocasião datam os primeiros túmulos individuais numa evocação de maior respeito e de princípios de religiosidade em torno dos mortos e da morte. Criam-se linhagens de família distintas, os futuros clãs e tribos.

Saído dos grupos anteriores, formados aleatoriamente quando a noção de parentesco era difusa e dispersa, o ser humano começa a definir suas linhas de descendência e cria as bases da família sob o domínio de um matriarcado estabelecido pela importância dada à capacidade que a fêmea tem de procriar. Os primeiros grupos nômades se deslocam sob a vigília do homem mais forte que vai à frente. Criam-se os clãs de clara natureza doméstica e com proximidade pelo parentesco de linhagem e descendência feminina.

A noção mais clara de maternidade e paternidade aparece, enfraquecendo a promiscuidade de relações físicas da tribo, onde todos eram pais e mães. Os primeiros grupos se fixam em um território determinado, criando o sentido de lar em uma área geográfica estabelecida. A descendência assume maior importância para os clãs, que passam a se identificar por símbolos e cores.

Nessa fase, a mulher pode ter vários parceiros, mas seus filhos são parte de seu núcleo e, por isso mesmo, se estabelece o princípio da descendência pelo ramo feminino. Surgem as primeiras sepulturas identificadoras dos clãs humanos e estabelecem-se rituais de saudação e reverência aos mortos.

Era de Gêmeos — De 6.671 a.C. a 4.511 a.C.

Estabelecido o princípio dos clãs e fixadas as bases de vivência dos grupos familiares, o ser humano desenvolve a sua capacidade de se comunicar usando da palavra, cada vez mais elaborada em dialetos e expressões específicas para cada objeto, emoção, sentidos e impressões.

Esse é o campo de regência direta da terceira casa zodiacal. Nela, o ambiente de vida passa a ser determinante para a espécie. A fala e a escrita se refinam e se tornam ainda mais complexas, com a ampliação de diferenças entre sons que se vinculam a práticas dos clãs e a regiões específicas.

Surgem os primeiros dialetos, base das futuras linguagens dos grupamentos humanos. Os meios de transporte, com a necessidade de deslocamento de bens e propriedades móveis, assumem papel mais importante na vida das comunidades, e os grupos se aventuram nos espaços próximos levando consigo utensílios, ferramentas, adereços e roupagem.

Nessa Era, o sentido de domínio matriarcal e a paternidade coletiva sofrem profunda mudança, com os homens do clã buscando experiências fora de seu grupo familiar. Ocorre então a miscigenação de clãs, o que dá origem a grupos maiores de humanos que viviam em áreas próximas.

O ser humano amplia sua capacidade de se adaptar ao meio em que vive, e a inventividade passa a ser utilizada como recurso comum na forma de criar espaços e facilitar atividades do cotidiano. Isso o leva à experimentação e envolve instrumentos de uso diário, armas e habitação. A vestimenta ganha maior requinte, deixando de ser simplesmente a pele que encobre e protege parcialmente o corpo. A cor assume papel significativo na forma de expressão e surgem os primeiros humanos viajantes solitários, curiosos por conhecer gente diferente, novas experiências e técnicas.

Era de Touro — De 4.511 a.C. a 2.351 a.C.

O domínio da segunda casa zodiacal se faz sobre os elementos que a compõem e caracterizam o signo de Touro. Seus conceitos-chave são os bens materiais e o valor das coisas. É um período em que a posse, a propriedade, a capacidade de negociar em busca do sustento, o talento e os recursos interiores são mobilizados para a realização e a fixação da terra, o elemento natural do signo.

Nessa fase, o homem se estabelece com ânimo de permanência em espaços determinados e toma posse da terra, delimitando claramente um território para seu clã e sua tribo. Começa a domesticação de animais, postos a trabalhar e produzir para o grupo que os possui. O ser humano deixa a natureza errante do caçador nômade e se fixa em área específica, valendo-se da agricultura incipiente de manutenção e dos animais que lhe fornecem carne, pele, lã e leite.

Senhor da palavra, já não mais caminha com grupos nômades por terras que não eram aproveitadas. Se fixa ao solo e inicia a construção de suas primeiras moradas permanentes, abandonando tendas e cavernas de Eras anteriores. Faz-se pastor e desenvolve técnicas primárias de agricultura de subsistência em torno dos assentamentos de grupos sociais cada vez maiores.

Nesse processo, surgem os primeiros aglomerados humanos ordenados em habitações criadas com o trabalho, a maioria deles usando terra e pedra, os elementos essenciais a uma vida sedentária em territórios específicos. Por essa ocasião, estabelecem-se as bases das nossas primeiras civilizações, que têm como expressão a cultura de povos no Egito, na Grécia, em Roma, na Mesopotâmia e no Oriente.

Todas essas culturas, que mais tarde se aprimorariam em civilizações duradouras, elevam o boi ou o touro ao *status* de quase deus. Lembrando o pastoreio que originou o sedentarismo e a posse do bovino e do solo, esse animal passa a ser o símbolo dessa civilização, numa forma de reconhecimento de sua importância para a própria existência humana.

Os exemplos mais marcantes estão na civilização minóica, que fez do Minotauro a mítica figura de uma espécie de semideus na ilha de Creta; no deus Ápis, touro sagrado das primeiras tribos a se fixarem nas margens do Nilo, no Egito; no respeito quase religioso à vaca, ser sagrado no subcontinente indiano e em boa parte da Ásia e, em caráter generalizado, no mundo euroasiático, onde o touro é cultuado como símbolo de poder e riqueza, domínio e estabilidade.

Era de Áries — De 2.351 a.C. a 191 a.C.

Consolidado o domínio da terra e fixado ao chão que transforma em território seu, o ser humano parte para uma nova fase em sua evolução sob o campo de regência da primeira casa zodiacal. Cumpre, daí por diante, a etapa final do primeiro período de seu domínio sobre o planeta submetendo-se à evolução pelas casas do Zodíaco aos princípios que regem Áries.

Ingressa a nossa espécie numa fase em que os pastores de antanho desenvolvem sua índole guerreira, os princípios e as formas de defesa da posse, a descoberta da identidade, o sentido da guerra como forma de preservação do poder, a arma como expressão da criatividade e o domínio sobre os outros homens que, na sua visão, se mostram inimigos em potencial.

É a Era da identidade imposta pela força e pela conquista quando a vida e a individualidade ganham maior destaque entre os grupos sociais. É a fase em que surgem os grandes nomes dos reis guerreiros e chefes militares — os mais fortes e capazes entre os varões da tribo e do grupo social a que pertencem. Esses chefes se impõem a seus povos por uma liderança na maioria das vezes obtida pela espada e pela força.

É o período em que a tecnologia dá seus primeiros passos e a inventividade humana alcança patamares nunca antes experimentados. A necessidade de ação é fundamental para os mais diferentes povos e a noção da individualidade, do "eu" representado pelo Sol, faz com que experiências novas dominem a cultura dos povos agora reunidos em tribos ainda maiores, embriões das civilizações mais avançadas.

No Egito, um faraó, Amenophis IV, figura viva do próprio Deus, cria os primeiros momentos de uma religião monoteísta, encarnando a figura do Sol vivo e sua expressão, o deus Áton. Nas planícies e estepes da Ásia, marcham as formações guerreiras da dinastia Qim levando o Império da China a mostrar ao mundo uma cultura que domina pela força de seus exércitos todo o continente. Seu poder se estende por séculos, desenvolve táticas de guerra inovadoras e criativas que hoje reconhecemos pelas representações dos guerreiros de terracota — oito mil deles só para louvar o imperador — descobertos durante pesquisas arqueológicas realizadas na China.

No Egito, os hicsos — pequeno e quase desconhecido povo guerreiro do Oriente Médio — inventam a biga e o uso do cavalo em combate, numa evocação, antecipada em milênios, das *blitzkrieg* das brigadas Panzer da Segunda Guerra Mundial. A técnica de combate assume ares e avanços impressionantes. Em Roma, são criadas as centúrias com formações em quadrado e em triângulo, com mobilidade de ataque e defesa organizada e multiplicada pela força conjunta dos guerreiros, tática que mostra o gênio combativo dos generais da época.

Gregos e romanos guerreiam com grupos de combate superpostos e formações diferenciadas de lanceiros, arqueiros e besteiros, acompanhados por uma espécie de embrião da artilharia de apoio nos aríetes e carroções. Foram os precursores dos pelotões e regimentos bem definidos. Aparecem, com a arte da guerra, as primeiras e importantes bases de tática e estratégia de combate.

Na Ásia, a guerra de guerrilha se implanta com os combatentes a cavalo. Por todo o mundo onde se edificam fortalezas de defesa, o aríete e as catapultas de assalto se tornam uma espécie de carros de combate da época. A flecha e as lanças ganham formas sofisticadas. A espada e o escudo se desenvolvem com o uso de metais elaborados e cada vez mais rígidos e fortes. E o homem nasce para ser guerreiro.

Em Esparta, na Grécia, o menino-soldado é tirado de sua família aos seis anos e se torna aprendiz de guerreiro. Os deuses dos mais diferentes povos se mostram irados, conquistadores, bravos e viris, numa influência típica do signo regente do período, o combatente Áries e seu regente, o deus da guerra, Marte.

Essas Eras, parte do que chamamos Antigüidade histórica, marcam o Ciclo de Áries, que se caracteriza ao longo dos primeiros 25.920 anos da presença de nossa espécie sobre o planeta por elementos bem específicos de uma fase de conhecimento do ser humano e do domínio do meio em que vive. Esse quadro é parte de um processo maior e mais demorado que simboliza a descoberta de elementos fundamentais do que hoje conhecemos por civilização.

O homem estabelece o sentido de família e seus laços, domina a comunicação no grupo, fixa-se ao território, descobre a noção de propriedade, desenvolve a técnica por meio do rudimentar ato de criar utensílios e armas, dá-se à guerra e, pelo poder das armas e de seu potencial guerreiro, domina o mundo ampliando suas conquistas.

Com isso, a nossa espécie cria, em um típico ato do Ciclo de Áries, a base de tudo o que daí por diante caberá ao homem desenvolver, ampliar, aperfeiçoar.

Nisso se fundamentam as maiores civilizações da Antigüidade e com elas o domínio das áreas geográficas onde se desenvolverá o grande drama da espécie na seqüência de Ciclos e Eras.

A História recente

Em novo Ciclo Astral, agora dedicado a Touro, o segundo período de 25.920 anos de domínio humano, a nossa espécie retoma o processo de evolução cumprindo a passagem por 12 novas Eras que começam pela Era de Peixes, época em que a força física é substituída pela capacidade de raciocínio e a elaboração do pensamento e do espírito toma o lugar da força bruta das armas e do poderio físico.

É um novo momento na história do homem moderno. Seus traços mais marcantes são o sentido espiritual da vida, o apego menos acentuado à matéria e o abandono das características típicas das manifestações do instinto. A descoberta da profecia e da mediunidade são outros dos elementos de domínio pisciano que se revelam sobre o nosso comportamento.

Representando o seu próprio signo, a Era de Peixes mostra o homem na prática do maior de seus sacrifícios na busca pela materialização de seus sonhos. É estabelecido então o exercício do respeito individual e, com ele, uma forma até então desconhecida de humanitarismo. Assim, surgem as bases sólidas e duráveis da primazia do espírito sobre a matéria.

A nossa espécie descobre que a religião não é somente a adoração a forças desconhecidas da natureza e fenômenos inexplicáveis. Essa religiosidade assume papel determinante em nossas vidas e, mais elaborada, sutil e complexa, por mais de dois mil anos consolida sua importância de instituição permanente, condutora dos anseios individuais e expressão de civilizações.

É a fase da preparação para um renascimento, com as típicas dores de um parto que estaria simbolizado pelo nosso confinamento ao planeta, época da valorização da vida e da morte e do vislumbrar de uma esperança fundada em princípios morais e éticos desconhecidos nas Eras anteriores.

Marcada pelo domínio de figuras que impressionaram e determinaram o espírito humano, a Era de Peixes se caracterizou pela descoberta do valor da crença, antes desprezado por práticas que faziam de fenômenos os deuses mais próximos dos seres humanos e de sua invocação, instrumentos de nossos defeitos e qualidades.

Mas, ao mesmo tempo, vive nossa espécie uma época de mudança no domínio da matéria sobre o espírito, herança de milhares de anos de cultura. Caracterizada pelo crescimento da importância da religiosidade e do espírito, a Era de Peixes foi, simultaneamente, o palco histórico de guerras e genocídio, destruição de culturas e imposição, pelas contradições próprias de um período dominado pelo espírito, de valores excessivamente materializados, quase sempre fundamentados no dinheiro e nos conceitos de posse e de propriedade.

A própria religião se materializa nos templos e no fausto dos rituais e no exercício temporal do poder que chegou, em alguns casos, a confundir posse material e dominação territorial com a força da crença. Igrejas se tornaram proprietárias e senhoras e os reis e nobres, instrumentos de seu Deus.

A Era de Peixes é marcada, em seu início e nos séculos que a precederam e a ela se seguiram, por figuras da magnitude e importância de Lao-tsé, Zoroastro, Cristo, Maomé e Buda, líderes religiosos que guiaram nações e povos a um caminho de preparação para a universalidade do espírito.

De suas teses religiosas surgiu também a ânsia pelo conhecimento, numa representação exata do signo que rege o período. Peixes, um signo mutável, passivo, que tem como símbolo dois peixes unidos por um cordão umbilical se movimentando em sentido contrário, revela a dualidade da convivência do saber interior e do misticismo com o conhecimento científico de valor exclusivamente material. Nessa dupla concepção de vida, está a contradição de uma Era em que o espírito foi valorizado ao mesmo tempo em que o homem mostrava o mais profundo apego à matéria ao longo de toda a sua história.

Assim os últimos 2.160 anos até 1969 simbolizaram o período da descoberta da consciência espiritual que convivia com a consciência física do corpo. Uma época em que a civilização, como a conhecemos, se preparou para uma nova fase, bem mais avançada, clara, de conquistas e que já agora agita o imaginário popular. Peixes, portanto, se fez pela descoberta do espírito e pela presença do sentido material do "ter".

A HISTÓRIA REINTERPRETADA PELA ASTROLOGIA

Com o fim da Era de Áries em 191 a.C. chegaram ao seu termo as sociedades essencialmente guerreiras que dominaram a face da Terra por mais de dois milênios, deixando herança importante para um novo Ciclo que surgia.

Cada uma das sociedades que marcaram esse tempo em que os deuses guerreiros pontificavam deixou traços profundos que elas próprias herdaram dos períodos anteriores, em um processo cumulativo de culturas que se sobrepuseram a outras e as incorporaram.

É a seqüência histórica da herança de conhecimento e experiência que ainda carregamos em nosso processo evolutivo. Uma soma de conhecimentos e experiências que formou nossa bagagem de vida nos dois últimos milênios até o momento de transição para Aquário.

Da fase em que nosso planeta era dominado pelos pastores sedentários, simbolizada na Era de Touro, até os meninos guerreiros de Esparta, na Grécia, passamos a uma época em que assistimos de forma notável ao domínio do espírito, que ainda carrega muito das marcas dos Ciclos anteriores.

O ser humano se torna uma espécie que reconhece a primazia do espírito sobre a matéria, mas não despreza a espada. Ao lado disso, luta pela posse da própria terra. Esse legado ainda hoje nos determina a forma de ser e agir, numa prova de que a influência astrológica é cumulativa para todos os seres e, em especial, para o homem, comprovação científica da acumulação de conhecimento na evolução da inteligência e da capacidade intelectiva da espécie humana.

É a soma genética do conhecimento acumulado pela espécie que se mostra na seqüência das Eras.

PARTE 2

A esperança

"E digo isto a vós outros que conheceis o tempo, que já é hora de vos despertardes do sono; porque a nossa salvação está agora mais perto do que quando no princípio cremos.

Vai alta a noite e vem chegando o dia. Deixemos, pois, as obras das trevas, e revistamo-nos das armas da luz."

Romanos 11: 12

Capítulo I

A chegada de Aquário

Artificiais e criados por vontade humana e decreto dos papas em Roma, os calendários não estão ligados aos fenômenos astronômicos. Hoje, se resumem à mera indicação de dias, meses e anos que não nos revelam sequer, com exatidão, os passos da história e da vida do ser humano no planeta.

Nas últimas décadas, com o resgate do debate em torno da astrologia e o conhecimento público de uma incipiente noção das Eras, ressurge a certeza de que somos todos ligados ao processo evolutivo da presença da humanidade na Terra, o que torna mais agudo e claro esse descompasso entre o conceito do calendário, que nos é tão familiar, e a realidade da História.

Embora se espalhem por todo o mundo referências à chegada da Era de Aquário, não tínhamos até agora a indicação exata das datas e da época de início e fim da Era de Peixes, a que antecede esse tempo dourado de conquistas que o imaginário popular, de forma curiosamente acertada, vincula ao signo do Aguadeiro.

Quando essa crença popular e a esperança dos novos tempos ligados à Era de Aquário se acentuaram, difundiu-se em todo o mundo a idéia de que beirávamos um ciclo que traria à humanidade a proposta de mudanças e avanços com a conquista de melhores níveis de bem-estar coletivo, de ideais de moralidade e padrões de dignidade, sem as mazelas que marcaram Eras anteriores e, em especial, a injusta e seletiva Era de Peixes.

Na maioria das referências à chegada da Era de Aquário, os estudiosos do assunto a vinculam — pelo menos na cultura ocidental — a uma contagem de tempo que retrocede ao nascimento de Cristo, à incerta data da Natividade, que seria, nessa equivocada interpretação, o marco temporal do início da Era de Peixes. Por ela, estaríamos agora a dois séculos da entrada do ser humano na Era de Aquário, esse novo tempo.

De forma só explicada pela necessidade de se sonhar com dias melhores para a espécie humana, o assunto ocupa espaço nas preocupações mundanas. Nos tempos atuais, a população tem se voltado a conceitos impostos pela Bíblia. Pelo imaginário coletivo, que sempre associa a Era de Peixes ao nascimento do Cristo e ao calendário fixado pelos romanos e, posteriormente, pelos papas, estabeleceu-se, de forma aleatória e sem base científica, que Aquário ainda não havia chegado.

Importante em termos simbólicos, essa vinculação mostra duplo erro. Um erro de natureza histórica, revelado pela impossibilidade de se situar no tempo um evento como a Natividade de Cristo. O outro, astrológico, reflete a tendência a se considerar, na evolução do ser humano, apenas a chamada civilização ocidental e a seqüência de seus eventos históricos e suas conquistas.

A extraordinária figura do Cristo, mais que iniciador de um novo tempo para a humanidade, foi, na realidade, o símbolo consolidador da Era de Peixes, que, cronologicamente, se iniciou em tempo bem anterior ao nascimento do Nazareno e à sua chegada à convulsionada Palestina sob o domínio romano.

Sua figura, na verdade, integra o que chamamos cúspide inicial da Era de Peixes — o período que marca a mudança de um signo para outro. Cristo foi um reformador, inovador, pregador de ideais que valorizam o espírito e desprezam conceitos de Eras passadas; estes institucionalizados até por religiões, que deram destaque à violência e à agressividade, ao domínio e à força. Cristo, por sua figura e sua pregação, evoca a mudança, a consolidação e a fixação, típicos elementos do signo de Peixes.

A cultura dominante no Ocidente nos apontou, ao longo de séculos, a chegada do rabi da Galiléia como o mais completo símbolo de uma nova Era, um ser que imprimiu, com as mudanças que propunha na pregação religiosa e nos conceitos morais da civilização hebraica da época, um avanço de significativa importância histórica para o homem.

Isso levou à consideração de que foi o Nazareno a encarnação da Era de Peixes, seu símbolo, iniciador de religiosidade e pioneiro na profecia, e no sacrifício, no sonho e na bondade e na compaixão. Era a mais evidente das características de uma nova fase do espírito que sucedeu os princípios das civilizações dominantes nos séculos anteriores.

A fixação do início da Era de Peixes é fundamental para que determinemos no tempo o princípio da regência de Aquário. Esse vínculo tornou-se, assim, pela exigência do imaginário popular, importante e significativo. Em torno desse conceito, cresceram nas últimas décadas debates e questionamentos.

Mas, ao buscar respostas para esse detalhe temporal de início e fim de Eras, devemos antes considerar a amplitude de nosso planeta e, nele, o domínio de culturas e crenças diferentes, com histórias e civilizações que têm tradição mais antiga que a ocidental e que floresceram em épocas e calendários diferentes dos nossos, marcando presença no Oriente Médio, na Ásia e até nas Américas.

Essas civilizações ou já existiam ou eram desconhecidas à época do aparecimento do Cristianismo que, no conjunto da história da humanidade, é um conceito religioso ocidental e localizado em termos geográficos e históricos, limitado nos seus princípios a alguns povos apenas.

Em todas as referências que vinculam a chegada do Cristo ao início da Era de Peixes, há que se considerar que, historicamente, a própria data do nascimento do Cristo é questionada. Os pesquisadores são unânimes em reconhecer erros na fixação do chamado ano zero da nossa época, o denominado calendário cristão e ocidental.

Isso fez com que se fixasse o começo da Era de Peixes — sabidamente um período de 2.160 anos — nesse hipotético ano zero de nosso calendário, que coincidiria com o nascimento do menino-Deus numa manjedoura em Belém, sob o governo do romano Herodes na Palestina. Acreditava-se que naquele ano teria se iniciado o domínio pisciano sobre o homem.

Capítulo 2

O Cristo histórico e a Era de Peixes

Apenas para exemplificar a incerteza e as dúvidas em torno desse início da Era de Peixes, basta lembrar o debate sobre a existência histórica de Jesus Cristo, o Homem de Nazaré, e as referências que apontam o Seu nascimento sob o governo de Herodes I, o Grande,* e crucificado e morto aos 33 anos, no governo do Pôncio Pilatos na Judéia, no ano 33 de nossa Era.

As dúvidas surgem quando se sabe, pelo registro romano, que no ano em que se acredita terem ocorrido a morte e ressurreição de Cristo, o seu algoz Pôncio Pilatos, governador romano da Palestina, se encontrava na Gália, atual França, exilado por César por ter caído em desgraça diante da corte em Roma e que havia deixado o governo da Judéia seis anos antes.

O nascimento de Cristo também gera dúvidas, se corretas as referências bíblicas à sua ocorrência sob o governo de Herodes,

---
* Herodes I, o Grande, era filho de Antípatro, o Idumeu, e foi nomeado rei da Judéia pelos dominadores romanos em 40 a.C. Travou violenta guerra contra os partidários de Antígono, o último dos asmoneus, e só conseguiu assumir seu trono em Jerusalém com auxílio das legiões romanas. Foi um administrador respeitado pelos dominadores por sua política de rigor para com os gentios judeus. Bom político, como administrador construiu o segundo templo de Jerusalém.

o tirano que governou a província romana no Oriente Médio até o ano 4 antes da Era atual a nossa chamada Era Cristã.

Esses dois elementos, comprováveis pelos registros escritos da história romana, são suficientes para provocar dúvidas imediatas sobre a fixação do chamado ano zero da Era Cristã.

Em relação ao nascimento de Cristo, todos os fatos narrados na Bíblia com referência à Natividade, bem como os dados sobre o domínio de Roma na Palestina, nos levam à biografia de Herodes, o governante romano que determinou a matança das crianças judias, temeroso da chegada de um "rei de Israel" que colocaria em dúvida a legitimidade de seu trono.*

Todas as referências dos evangelistas à morte de Cristo aos 33 anos a situam no governo de Pôncio Pilatos, figura histórica e real, que assume papel de destaque nas narrativas daqueles que sistematizaram a prédica cristã.

Foi Pilatos um preposto romano, dúbio e inseguro cavaleiro, governante hostil aos judeus que esteve à frente da dominação romana da mesma Judéia de Herodes de 26 a 36 da Era Cristã (779 a 789 da fundação de Roma), segundo dados do Novo Testamento e registros históricos.

Tais fatos incontestáveis da história de Roma e da Bíblia levam à fixação da data do nascimento de Cristo, o consolidador da Era de Peixes, em um momento diferente daquele que nos sugere o calendário hoje adotado em todo o mundo. E situam um hipotético ano zero de nossa evolução, já na Era de Peixes, em uma ocasião que não coincide com a que é usualmente aceita.

Por uma análise histórica mais séria e elástica diante da falta de elementos documentais, Cristo teria morrido entre os anos 26 e 36 da chamada Era Cristã. E, por conseqüência, nascido entre o ano 7 a.C. e 3 d.C. com um lapso de tempo de dez anos

---

* Herodes, que nasceu em Ascalon em 73 a.C. e morreu em Jericó no ano 4 a.C., governou a Judéia, como rei sob domínio romano, de 37 a.C. a 4 a.C. Isso corresponde, no calendário histórico, aos anos de 716 a 749, contados da fundação de Roma.

entre as datas prováveis desses dois eventos tão significativos para a civilização ocidental.

Para a fixação mais exata dessa data, devemos considerar que, se o nascimento em Belém se deu sob o governo de Herodes, seguindo a narrativa dos Evangelhos e a referência à matança dos recém-nascidos, a data limite máxima para a Natividade seria o ano 4 antes do início do atual calendário.

Daí, levando-se em conta as afirmativas dos textos evangélicos de que Cristo teria vivido por 33 anos e sido crucificado sob o governo de Pôncio Pilatos, estabelece-se, com pequena margem de erro, o nascimento de Jesus entre os anos 7 e 4 antes da nossa Era.

Essa data, entre 7 e 4 antes do início da contagem do tempo no calendário ocidental, é coincidente com um possível censo realizado entre os judeus em 6 a.C., época em que a Bíblia narra a fuga de Maria e José para Belém. Fuga ocorrida durante a realização de um recenseamento...

Tais elementos, confirmadores do nascimento de Cristo em data próxima ao ano 6 antes da chamada Era Cristã, dão ao sistema de medição do tempo que hoje utilizamos um erro inicial de cinco a seis anos.

O detalhe, apesar de diminuto, nos mostra que não se pode considerar rigoroso o limite do início da Era Cristã e, com isso, também a análise da evolução histórica da espécie humana pelos processos usualmente empregados na historiografia usual. Assim, nem sequer a exata data do nascimento d'Aquele a quem muitos consideraram iniciador da Era de Peixes se conhece com exatidão.

Mais que isso, todas as pesquisas apontam para o fato de que Cristo, ao contrário do que se imagina, não teria sido o vetor inicial da Era de Peixes, mas sim o seu Confirmador, figura-símbolo da cúspide inicial desse novo tempo que se relaciona geograficamente com o que se convencionou chamar de mundo ocidental.

A doutrina cristã difundiu-se, nos primeiros vinte séculos após a chegada do Homem de Nazaré, apenas entre os povos do Ocidente e não teve, em nenhum momento da história dos últimos dois milênios, o domínio global que se pretende. Por isso é errôneo atribuir ao nascimento do fundador do Cristianismo o papel de iniciador desse novo ciclo astrológico da história humana.

Ao lado do Cristianismo coexistem crenças outras, e algumas delas até o antecedem, ou sucederam com igual importância na formação espiritual dos povos. O Islamismo no Oriente Médio e parte da Eurásia, o Budismo nos países da Ásia e o Bramanismo na Índia são manifestações religiosas que revelam a dominação do pensamento por outros credos fundados em bases sólidas e duradouras, um processo típico da Era de Peixes.

Essa disseminação global de princípios diferenciados de religiosidade comprova a distância entre o aparecimento do Cristianismo e o início real da Era de Peixes que, na verdade, pela manifestação do conhecimento humano nos leva a um período de dois ou três séculos antes da vinda de Cristo.

Com o Oriente Próximo dominado por noções de religiosidade próximas ao politeísmo, governado por povos guerreiros e bem mais atrasado em conceitos morais e dogmáticos que os povos orientais, não poderíamos vincular historicamente a Era de Peixes a esse pedaço do mundo, uma vez que em outros já existiam filosofias e pensamentos religiosos bem mais avançados.

Essa vinculação popularizada do começo da Era de Peixes à chegada do Cristo explica a confusão que se faz sobre o fim da Era passada e o início do período regido por Aquário, por estarem simplificadamente associados ao calendário ocidental.

O chamado período das trevas, coincidente com a Idade Média no Ocidente, em muito contribuiu para essa distorção na fixação da Era de Peixes juntamente com o Cristianismo.

Vem desse período histórico a prática religiosa que diz do advento de um "segundo milênio", do "fim dos tempos" e de uma "era de mudanças", referências habitualmente encontradas nos textos e profecias bíblicos. Essa noção de um novo tempo nos acostumou a vincular a chegada do Aguadeiro, símbolo da Era de Aquário, à passagem dos milênios pela contagem do calendário ocidental.

Capítulo 3

Uma época de mudanças

Na contagem do tempo astrológico da duração da Era de Peixes e a data mais próxima do início da Era de Aquário, deve ser considerado um dos mais importantes fenômenos da mudança do tempo na roda do Zodíaco: as chamadas cúspides, que surgem com a mudança de regência do Sol sobre determinado período ou setor do Zodíaco.

As cúspides envolvem lapso de tempo que antecede e a entrada do Sol em um determinado signo se segue e isso se aplica a qualquer das contagens de tempo em termos astrológicos e se dá em momento diferenciado ano após ano, como resultado do deslocamento da Terra no espaço com os já referidos movimentos de translação, rotação e precessão.

São mudanças que não ocorrem de forma tal que se altere súbita e bruscamente a influência do Sol sobre um signo, como se ocorresse a substituição de uma característica por outra de forma plena, como se rumos e acontecimentos fossem alterados e como se o tempo fosse cortado de forma cirúrgica em pedaços estanques. A cúspide nos diz que há ocasiões em que as influências se misturam, permeando características de um signo às do seguinte e as deste às do que o antecede.

Como exemplo, há que se observar que a passagem do Sol de Peixes para Áries, apesar de ocorrer em um momento exato do calendário, em data próxima a 21 de março, não faz com que as influências piscianas sejam eliminadas repentinamente e dali por diante passem a vigorar apenas as do signo do Carneiro.

Por isso, o conceito também se aplica à mudança das Eras. Assim como afirmamos, de forma exata, que a Era de Aquário se iniciou nos últimos minutos de 20 de julho de 1969,* não seria lógico admitir que, daquela data em diante, começassem a vigorar plenos os princípios deste novo tempo governado pelo signo de Aquário.

A Era de Peixes, que se encerrou com a chegada do homem à Lua, deixou influências poderosas que, por longo tempo, vão se misturar às de Aquário e fazer da Terra e dos seres humanos atores de um mundo tumultuado que desconhece na sua plenitude os rumos a tomar na sua caminhada histórica.

---

* Em horário brasileiro.

Capítulo 4

Antes de Peixes

Se considerarmos que Cristo é um dos mais significativos símbolos da Era de Peixes, a essência de sua pregação já havia sido antecipada por pensadores que deixaram sua marca na História. E, em sua época, diferentes líderes religiosos tiveram seus pensamentos e pregações eternizados pelos mais diferentes cultos. Destacam entre esses pensadores: Platão (427-347 a.C.), Zoroastro (660 a.C.), Buda (558 a.C.) e Lao-tsé (570 a.C.), com todo o seu conjunto de conceitos morais e pregação ética.

Todos esses pregadores filosóficos e éticos se aproximam, por seus ensinamentos daquilo em que se fundamenta a doutrina cristã. Todos tiveram um papel essencial no surgimento de princípios religiosos que bem caracterizam a Era de Peixes.

O rabi de Nazaré mudou conceitos de sua época e, de forma extraordinária, fez com que a sociedade judaica dominada pelos rigores da Torá se voltasse a mudanças em ritos e valores e, aos poucos, deixasse a tradição que a vinculava e submetia a um Deus irado e guerreiro. Um povo à espera de um rei e um messias que, pelo fio da espada, os libertasse dos conquistadores romanos.

Nas parábolas e pregação do Cristo está muito do que profetizou Isaías (700 a.C.), cujos ensinamentos valem tanto para judeus quanto para cristãos. E Isaías foi o mais importante dos doutores da lei judaica à qual legara, séculos antes, os mesmos princípios que deram origem ao Cristianismo. Essa prédica, mais tarde, encontrou adeptos rigorosos nos essênios do Mosteiro de Qirbet-Qumran, seguidores de doutrina que os distanciava substancialmente daquilo que defendiam os membros do Sinédrio.

Essa pregação, de forte exaltação à magnanimidade divina, com o anúncio de um Deus generoso e condescendente, se aproxima muito mais dos princípios cristãos que as palavras de um Deus guerreiro, pouco generoso e raramente clemente. Mais tarde, os princípios de Isaías e dos essênios viriam a mudar a face do Judaísmo fazendo-o mais flexível em seus conceitos de fundo moral e de normas de conduta.

As palavras do profeta Isaías, quando ganharam força prática, levaram uma grande parte do povo judeu a abrandar a tradição mosaica de uma religião de um Deus vingativo, protetor dos bons e flagelo dos maus. Embora à época de Cristo poucos dos dirigentes judeus as aceitassem, as pregações do profeta fundaram a base futura dos Evangelhos cristãos aos quais muito se assemelham.

A condescendência e a tolerância defendidas por Isaías e a pregação do Cristo deram origem à nova vertente religiosa, sistematizada e moldada por Paulo de Tarso entre 44 e 58 d.C., o soldado romano que, apóstolo dos gentios, convertido à palavra do Nazareno, se tornou o verdadeiro autor de todo o códice que forma o Evangelho, base da doutrina do Cristianismo como hoje o conhecemos.

Essa notável semelhança das pregações de Isaías e dos princípios essênios com os textos dos Evangelhos bíblicos mostra a mudança havida entre os judeus e acrescenta novo elemento de datação para a passagem da Era de Áries para a Era de Peixes.

Na verdade histórica aplicada ao estudo das Eras, a de Peixes já havia começado quando os povos bárbaros do Ocidente, dominados pelas armas e pela *pax* romanas, começaram a aceitar o que já vigorava em outras regiões da Terra.

Com isso, outra data que não o advento do Cristianismo deve ser considerada para que se estabeleça o início da Era de Peixes e o curso dos 2.160 anos em que a humanidade seria dominada pelo caráter pisciano até a chegada da Era de Aquário.

Por isso, a astrologia combinada a estudos históricos mais detalhados sugere caminho diverso. Da mesma forma como Zoroastro, Buda, Lao-tsé e Platão prepararam o advento da Era de Peixes, mais tarde Cristo a consolidou no Ocidente e o profeta Maomé deu-lhe seus toques finais entre os muçulmanos. Hoje vivemos uma fase semelhante, época de mudança que, em nosso tempo, começou há dois séculos.

Parte 3

As mudanças

"Quando te desviares para a direita e quando te desviares para a esquerda, os teus ouvidos ouvirão atrás de ti uma palavra dizendo: Este é o caminho, andai por ele."

Isaías 30: 21

Capítulo I

Avanços em ritmo alucinante

Em apoio à tese de que vivemos há mais de dois séculos o período chamado cúspide das Eras de Peixes e Aquário, a História nos revela os momentos decisivos que já antecipavam, ainda nas décadas finais do século XVIII, os caminhos que a civilização percorreria nessa passagem, por vezes dolorosa e em outras gloriosa, da religiosidade de Peixes ao caráter inovador e a antecipação de Aquário.

Esses acontecimentos são os mais claros indicativos de uma época em que o ser humano evoluiu com mais velocidade no domínio do seu mundo que nos dez mil anos anteriores. Marcantes e profundos, alteraram de forma definitiva os rumos da civilização e lançaram o homem em um caminho de desenvolvimento espiritual, moral e material jamais imaginado.

E os sinais desses avanços são evidentes:

- A Revolução Francesa é o mais claro anúncio histórico do fim de um sistema social e econômico de dominação do ser humano em toda a história da espécie. O movimento

que culminou com o fim da monarquia francesa e do feudalismo colocou abaixo estruturas milenares de submissão do servo ao senhor e subverteu inteiramente conceitos de classe e sociedade que dominaram a humanidade por milênios.
- Os enciclopedistas franceses sistematizam propostas de um sistema político baseado na trilogia Liberdade-Igualdade-Fraternidade, tornando-se precursores da democracia moderna, sistema político que antecede as mudanças ainda mais profundas de Aquário.
- O movimento nascido na França e levado a suas últimas conseqüências nas colônias inglesas na América do Norte dá margem ao aparecimento da primeira democracia no mundo. Esse processo gerou efeitos não apenas políticos, mas também sociais, econômicos e até psicológicos, que foram ampliados com a Revolução Industrial na Europa, a abertura do Oriente ao comércio mundial e o surgimento do socialismo soviético em 1917.
- A humanidade assistiu no século XX a episódios marcantes, como o foram o genocídio provocado por duas guerras mundiais e o aparecimento, pela primeira vez, dos instrumentos de destruição em massa, ao mesmo tempo em que vivia o fim de um processo de colonialismo herdado da Idade Média.
- O domínio do átomo, levado à prática nas explosões atômicas em agosto de 1945 em Hiroshima e Nagasaki, e os avanços na ciência aceleraram em escala nunca antes vista o controle tecnológico que o homem passou a ter sobre as forças da natureza, evidenciando o potencial criador da espécie.
- Dominada a eletricidade, conhecida a comunicação a distância e com o aprimoramento da técnica para o controle de doenças e do corpo, todos fatos determinantes na evo-

lução da humanidade, nos tornamos capazes de mudar os rumos da História de forma acentuada. Nações e povos fortaleceram-se, prolongando a expectativa de vida e criando novas condições de sobrevivência em meio à prática dos processos de globalização do conhecimento, do comércio, do domínio e da linguagem.

- Em momento altamente significativo, a missão lunar de Michael Collins, Neil Armstrong e Edwin Aldrin fez com que o ser humano, até então preso umbilicalmente ao chão de seu nascimento, alçasse vôo para outros mundos, numa alusão clara e evidente aos princípios que norteiam o temperamento aquariano.

Assim fica bem claro que vivemos desde o fim do século XVIII, e ainda viveremos pelas próximas décadas, o período de transição entre duas Eras — o fim de Peixes e o começo de Aquário. E isso mostra uma fase inteiramente nova no processo da evolução da espécie que, em espaço de tempo ainda não inteiramente mensurado, fez do grande primata — um tipo de macaco do gênero *Homo* —, um ser completamente diferente, moderno, inteligente e senhor de seu tempo e dominador de seu mundo.

Essa observação do período de transição que ainda vivemos só se tornou possível porque os acontecimentos se globalizaram e os registros dos eventos ganharam instantaneidade, permitindo a estudiosos e historiadores detectar ao mesmo tempo, e com velocidade espantosa, os efeitos de fatos e atos em todo o planeta.

Antes não tínhamos esse registro global escrito ou documentado pelos processos de comunicação hoje existentes e que nos colocam na "aldeia global" de Marshall McLuhan — feito que mostra a curiosidade intelectual típica do temperamento aquariano. Essa tendência inquisitiva do conhecimento, esmiuçadora, detalhista e segura, é capaz de nos apontar os fatos mais diferentes, inter-relacionando sua significação na história evolutiva do ser humano.

Até poucos séculos atrás, estávamos restritos ao registro oral com que os povos transmitiam experiências e vivência uns aos outros. A escrita cuneiforme era de referência limitada a apenas um povo. Os egípcios, dominados pelo culto ao faraó-deus, só a seus sacerdotes davam o privilégio de seus hieróglifos. Na Idade Média, os velhos escribas reservavam seu saber apenas a mosteiros, iluminuras e livros de edições únicas, mantendo restrito o direito ao conhecimento. A popularização do registro formal dos fatos só ocorreu com o passar do tempo e já nos séculos finais da Era de Peixes.

Por essa modernidade de registros e pelos recursos de cálculo e conhecimento de que dispomos agora, com a comunicação global instantânea e até mesmo com a existência de uma rede planetária de comunicação virtual sem limites, pode-se afirmar com segurança o início da Era de Aquário. E os símbolos dessa Era são tão evidentes que não deixam margem à menor dúvida.

Aquário começou com exatidão no momento em que o astronauta norte-americano Neil Armstrong pisou no solo lunar. Isso se mostra de forma emblemática por alguns dados: a missão lunar da Apolo 11 começou com o lançamento de um foguete denominado Saturno 5 que impulsionou a nave Colúmbia e seu módulo Eagle em direção a outro corpo celeste.

O vôo tripulado de uma nave terrestre é um ato tipicamente aquariano que simboliza o sair do próprio mundo em busca de territórios inexplorados. Saturno, denominação do foguete lançador da nave espacial, é o co-regente de Aquário e, na astrologia, o planeta que governa a sabedoria adquirida, rege os processos de mudança e expressa o resultado do conhecimento e da experiência acumulados pela humanidade. E, como conseqüência dessa experiência, o trabalho.

A Colúmbia, evocação da ave símbolo da paz, em outro conceito de Aquário, foi impulsionada pelo foguete Saturno 5, de três estágios, idealizado por Werner Von Braum. Este, um nativo de Áries, transformou um instrumento de guerra tipicamente do signo de Marte em nave propulsora de missão de pesquisa vinculada ao futuro — um veículo de mudança pelo qual o incompreendido Aquário sai de seu chão e projeta seus sonhos e sua presença pelo espaço em busca de novos mundos.

A própria história da conquista da Lua mostra bem o seu caráter aquariano. Incompreendida, ainda hoje, décadas depois, há os que acreditam que tudo o que se viu foi encenação cinematográfica feita pela agência espacial americana como um verdadeiro show de efeitos especiais e engano. O propósito seria apenas satisfazer aos objetivos de dominação ideológica e servir como corolário da Guerra Fria, fazendo frente aos avanços soviéticos na corrida espacial. Uma descrença a tal ponto séria que a própria Nasa se apressou a tornar públicos todos os dados relativos à missão lunar do Projeto Apolo 11.

No momento em que a tripulação da Apolo 11 a bordo da nave impulsionada por "Saturno" deixa para trás as órbitas de circunvolução da Terra e, em um processo minucioso de balística espacial, direciona um engenho humano para uma órbita lunar no movimento de enlace com a força gravitacional de nosso satélite, é praticado um ato aquariano de física a justificar a astrologia.

Todos os fatos desse momento de mudança evidenciam as influências astrológicas. É Saturno o planeta que governa parcialmente o signo da Nova Era, e também denominação do impulsor da missão Apolo que mostra simbolicamente o impulso da conquista, ação típica do signo do Aguadeiro.

Ao mesmo tempo, o potente míssil balístico intercontinental transformado em foguete impulsor de três estágios, o mítico Saturno, colocava em evidência o avanço tecnológico e de domínio que representa toda a sabedoria humana acumulada nos últimos dois milênios.

As missões Apolo são, em todo o seu processo — da desastrada primeira nave do projeto, à descida na Lua, com o homem abandonando a Terra e deixando para trás o seu próprio passado —, a maior expressão do sentido do signo de Aquário.

A nave Colúmbia levou pelo espaço os mais fortes elementos de Aquário, simbolizando a busca pelo futuro, que deixa em sua esteira toda uma história de conflitos da espécie humana. Uma espécie que, até então presa à Terra, se dá a uma conquista fora de seu próprio espaço.

A Eagle, nome inglês para a águia, revela outro dado astrológico. Na Antigüidade, o signo de Escorpião era representado exatamente por essa ave. Tal simbologia nos lembra que Escorpião é o signo das mudanças.

E o módulo Eagle, ao pousar na Lua, o fez em nome da humanidade como pretenderam os divulgadores do feito norte-americano ao evocar sonhos de fraternidade entre os homens, a igualdade ansiada ao longo de séculos, o aprimoramento moral e ético e a liberdade. Assim, tornariam o antes imperfeito *Homo sapiens* em cidadão do Universo que, pela vez primeira, se alça ao céu em alusão que se prende de forma notável a todos os princípios que regem o signo de Aquário.

A missão espacial que levou à conquista da Lua foi denominada Apolo 11 em homenagem ao deus grego da luz, o guia das Musas, encarnação do ideal helênico da beleza, da espiritualidade e da harmonia. Espiritualidade e harmonia são atributos de Aquário e se contrapõem à dubiedade e ao materialismo na desarmônica Era de Peixes.

Neil Armstrong, o primeiro ser humano a pisar num solo fora da Terra, formalizou a mudança descendo as escadas do módulo lunar Águia e caminhando, num evento que simboliza o futuro para o homem. E as primeiras palavras usadas pelo ser humano em outro corpo celeste que não a nossa minúscula e insignificante Terra foram "homem", para designar seu pequeno passo, e "humanidade", para mostrar o alcance daquela aventura. Outra vez, uma alusão ao avanço aquariano que vincula a simplicidade do ser à importância da coletividade.

Da mesma forma como esse vôo cósmico tirou o ser humano de seu planeta e o projetou no futuro, outro evento, realizado dias depois, no mesmo ano de 1969, veio a compor o quadro que comprovava o momento exato do tempo na mudança de Era.

O que deveria ser simples espetáculo de música em um campo aberto, diante do depósito de madeira de uma fazenda nas proximidades da pequena cidade de Bethel, em Nova York, o Woodstock Music and Art Fair mudou, dos dias 15 a 17 de agosto daquele ano, os conceitos do homem sobre as razões de sua própria existência.

Com a voz dos milhares de jovens ali reunidos, pela primeira vez eram questionados os princípios que nortearam todo o crescimento material da humanidade em mais de dois milênios. Como resultado de uma contracultura, a chamada Era *hippie* mostrava, como um de seus mais emblemáticos conceitos de substituição da ordem vigente, nova e atraente noção de vida, pois o mundo dos jovens defendia em Woodstock a importância maior do "ser", que se sobrepõe ao "ter".

Todos esses elementos nos levam a afirmar que a Era de Aquário nos chegou exatamente no dia 20 de julho de 1969 no horário brasileiro (21 de julho no horário americano, no centro de controle de missões espaciais em Houston). E os sinais que compõem o período de transição, a cúspide da Era, já vêm sendo dados há bastante tempo.

Por eles também se prova que agora vivemos época aquariana de mudanças profundas na nossa forma de ser e de nos comportar, deixando o egocentrismo materialista de Peixes e vivenciando, ainda que de forma dolorosa e tumultuada, os princípios de moral e valor que formam a essência desse período de verdadeiro renascimento para a humanidade.

Capítulo 2

Os sinais

Todas as principais características da Era de Peixes se ligam de forma inseparável aos princípios da religiosidade humana. Foi a Era da luta entre as naturezas física e espiritual do homem, do psiquismo coletivo levado a extremos, da indecisão da espécie humana quanto aos rumos a seguir na conquista da igualdade e da felicidade comuns, da conquista do "eu" pelo desprendimento e pelo humanitarismo. Todos esses aspectos e características bem típicos da índole pisciana.

Em termos astrológicos, durante toda a Era passada, estivemos sob a forte influência de Netuno, planeta regente de Peixes e que governa as manifestações coletivas, os dons psíquicos, a intuição e o misticismo. E, em termos geológicos, rege os mares.

A história da humanidade está ligada, nos 2.160 anos da Era de Peixes, a fatos que nos dizem dessa regência planetária e de seu signo, com elementos claros e insofismáveis de um notável domínio astral sobre as mais diversas áreas do pensamento e da epopéia humanos.

Por todo o mundo estabeleceu-se a religiosidade formal. O Budismo, o Confucionismo, o Hinduísmo, o Islamismo e o Cristianismo foram o pano de fundo da característica pisciana desse apego à crença e ao espírito. O mar, domínio de Netuno, teve papel fundamental na ocupação do planeta pela espécie, que se espalhou e se estabeleceu em todos os espaços.

Até os séculos mais próximos do primeiro ano da Era Cristã, os deuses eram muitos, caseiros, pessoais, e estavam ligados, em sua quase totalidade, a elementos da natureza.

Com os pregadores que antecederam a Era de Peixes, surgiram as normas que se consolidaram no Cristianismo no Ocidente com o Cristo e Paulo; no Islã, com Maomé; no Oriente, com a organização formal de estruturas religiosas que adotaram os ensinamentos de Buda, Lao-tsé e Confúcio.

E o que era uma prática caseira transformou-se na mais organizada instituição que o homem conhecera até então: as Igrejas formalmente estruturadas e religiões institucionalizadas, firmes e determinadas a manter seu poder temporal com base em princípios religiosos.

A importância dessas Igrejas e sua ingerência na vida dos fiéis as levou do poder espiritual ao poder temporal, refletindo também nesse aspecto a característica pisciana da luta entre o sagrado e o profano, do espírito contra a matéria, do físico contra a mente.

Líderes religiosos se sagraram reis e imperadores, chefes e imãs se reservando o direito de dirigir e indicar os condutores de povos ainda ligados à servidão. No Ocidente, o predomínio do sistema feudal, herança direta e umbilical da sociedade romana de patrícios e ilotas, de servos e senhores. No Oriente, o imperador de poderes divinos a delegar autoridade aos dirigentes nobres. No Islã, califas e imãs a governar em nome de Alá.

A religião fundamentava o comportamento humano e passava a dirigir pessoas e nações, povos e civilizações; e no meio desse quadro dominado por um misticismo pisciano, o ser humano evoluiu mentalmente, realizando suas conquistas em técnicas e ciências que muitas vezes nasceram e se desenvolveram no silêncio e nos segredos de claustros, mosteiros e templos. A convivência do espírito com a matéria foi caracterizada pelos princípios piscianos que governaram dois milênios de uma Era.

Do passado feudal, quando predominavam a economia agropastoril e uma vida tipicamente rural, não muito diferente, por exemplo, daquela que encontramos nos primeiros anos do Cristianismo, chegamos à beira da mudança da Era de Peixes para a de Aquário com avanços inimagináveis ocorridos apenas poucos anos antes.

No Ocidente, em 1789, verifica-se o esgotamento da velha fórmula do governo dos reis por inspiração e mandato divinos. No Oriente, assistimos ao fim do xogunato japonês, a mais perfeita e acabada fórmula de domínio pisciano, fechado no Bushidô dos samurais, religiosamente preservado entre a divindade do imperador e a solidão do povo, e hostil ao estrangeiro.

Na África, solidificou-se o domínio colonialista de potências européias que expressavam a supremacia de uma raça sobre outra. Na América, consolidou-se a independência das colônias, inspiradas na formação de países onde antes havia apenas núcleos de degredados e campos de exploração mineral.

Antecedendo essa fase de mudanças e as preparando adequadamente, três séculos antes dos acontecimentos que deram início à caminhada para Aquário, o homem se lançou à conquista dos oceanos, aventurando-se pelos domínios de Netuno, o deus dos mares. Ampliava assim sua presença sobre a face do planeta, realizando a epopéia das chamadas grandes navegações, ato de conquista que também representa a ânsia pisciana pela riqueza. Uma riqueza feita no confronto da fé com a matéria, do ouro contra o sangue, e que estaria simbolizada no pouco avaliado genocídio de povos nas Américas e no Oriente — tudo em nome da fé cristã e do signo que dava os primeiros passos para seu próprio fim.

Em todos esses episódios históricos, determinantes por seus efeitos na vida da humanidade, as características mais típicas da Era de Peixes começam a ruir, jogando por terra os princípios fundamentais que dirigiram os atos humanos por esses dois milênios de domínio da espiritualidade e da crença levada a suas últimas conseqüências. Eram sinais que se faziam claros da caminhada para o fim de uma época, a Era de Peixes.

A explosão popular do 14 de julho de 1789 na França mostrou o inconformismo das gentes com uma nobreza corrompida, um clero comprometido com princípios nada cristãos e uma burguesia omissa diante das desigualdades, da miséria e das injustiças. No meio desse caldo de cultura, iluminados pregavam os princípios da democracia, da igualdade e dos direitos.

No outro lado do mundo, o domínio incontestado do imperador-deus no Japão se abre ao puritanismo inglês, que bombardeia portos e força o comércio. Os deuses tribais africanos se contrapõem às crenças dos conquistadores que dominam o solo em busca do lucro, valendo-se da cor da própria pele para impor a supremacia de um humano sobre outro.

Na América, os fugitivos das perseguições religiosas assentam ao norte uma terra de liberdade. No sul, sob a invocação da cruz foram destruídas civilizações inteiras, substituídas por povos conquistadores que logo se renderam às teses bem pouco religiosas de libertários franceses.

Começava assim, há exatos 180 anos da descida do homem na Lua, o último dos Grandes Signos da Era de Peixes, o décimo segundo Grande Signo do período, situado astrologicamente em Áries, iniciando o período de transição de Peixes para Aquário.

E essa etapa final da Era de Peixes se materializa na revolução de conceitos e valores que nos lembra a pregação dos filósofos gregos, em especial Platão, que, com seus princípios de ética e moral, antecipou a chegada da Era de Peixes.

Capítulo 3

A História confirma...

Cada um dos 12 Grandes Signos que formaram a Era de Peixes, com 180 anos de duração, é marcado por influências típicas do signo que o governa, o que se evidencia nos fatos mais marcantes desse período histórico:

A Cúspide de Áries — De 371 a.C. a 191 a.C.

Como sinais que antecedem a tempestade, neste caso a chegada da Era de Peixes com toda a profunda mudança que operaria na história da humanidade, esse período foi dos mais marcantes na evolução das civilizações, como só acontece na cúspide de uma Era para outra.

Antecipando tais mudanças e marcando a agonia final da Era de Áries, um típico rei guerreiro, Alexandre Magno, o Macedônio, conquista toda a Ásia Menor, o Egito, a Pérsia e territórios da Índia, formando, em poucos anos, o maior império conhecido pelo homem até então. E o fez de 332 a 325 a.C. ao fio da espada, numa evocação do deus da guerra, Marte, o conquistador.

Ao mesmo tempo, ocorria na China a formação da escola taoísta, que mostrou seu apogeu de 350 a 200 a.C. quando a força das armas foi substituída pelo domínio do pensamento de Confúcio.

Os macedônios dominam a Grécia em 338 a.C. e, em 347 a.C., Platão sistematiza sua doutrina contrapondo à força o poder do pensamento puro, base da filosofia grega que viria mais tarde a influenciar de forma determinante a civilização ocidental.

Chandragupta funda na Índia, em 322 a.C., o Império Maurya que dominaria, pela força de seus soldados fortemente armados e incursões avassaladoras, toda a Ásia. O Budismo se instala no Oriente e amplia sua influência no primeiro século após a morte de Sidarta Gautama.

Na mesma ocasião, chega ao fim a época da dinastia Qim, em que reis guerreiros dominam, por mais de dois mil anos, toda a China e áreas próximas, impondo com seus guerreiros, reproduzidos em terracota, a guarda do imperador, numa eloqüente descoberta arqueológica de anos recentes. Na Índia, o imperador Asoka converte-se ao Budismo tornando-o em 262 a.C. a religião do Estado, o que também ocorre no Japão, sob o imperador Yomei (século V a.C.).

A palavra e as profecias de Isaías começam a ganhar importância entre grupos religiosos judeus, alterando substancialmente os princípios que dirigiam a religião de Moisés até então. Das tribos dispersas em Israel de antanho e seus reis guerreiros e conquistadores, os judeus mudavam os rumos de uma civilização governada pela rigorosa norma de conduta da Torá.

Na Europa, os romanos completam em 290 a.C. a conquista da Itália Central. E, de 241 a 218 a.C. travam contra Cartago as duas primeiras Guerras Púnicas, das quais surge um dos maiores gênios militares da Antigüidade, Aníbal, o Cartaginês. As legiões romanas dominam a Espanha em 206 a.C. e Ptolomeu I, o

Macedônio, funda em 305 a.C. a dinastia dos Ptolomeus no Egito, impondo, à terra dos faraós, a religião grega.

Esse período, marcado por acontecimentos determinantes na evolução histórica da humanidade, revela a forte regência de Marte em Áries e, ao mesmo tempo, antecipa os elementos da chegada de Peixes, com as características do domínio de Netuno, que representa, na astrologia, o impulso espiritual.

Alternando momentos significativos de domínio das armas como força de Áries, o signo que se despede, todos esses fatos se moldam em um quadro em que aparecem os primeiros sinais de crescimento do sentido religioso que se expande e se consolida nos princípios das religiões monoteístas.

Os últimos 180 anos da Era de Áries, o Grande Signo cúspide entre as duas Eras, mostram que os fatos que ocorreram no mundo então conhecido foram fundamentais para a formação de um novo caminho para a evolução da espécie humana. Isso também acontece nos primeiros 180 anos da Era de Peixes quando o processo de mudança se acelera e se amplia, levando à consolidação da mudança.

Depois das conquistas de Alexandre, o Grande, e da expansão do Império Romano, o mundo ainda esperaria por quase dois mil anos para de novo assistir a uma mudança de princípios e valores em escala tão ampla e determinante quanto foi aquela.

Marte, o deus da guerra, regente de Áries, duplamente posicionado no fim da Era de Áries, acirra o caráter guerreiro e belicoso e faz, no fio da espada e na ponta da lança, com que exércitos monumentais se desloquem por terrenos de guerra na imensidão de planícies, escarpas íngremes, montes inacessíveis e pela água em mares ainda pouco conhecidos.

Quando as bases da religiosidade da Era de Peixes se fixavam em meio a guerras e conquistas ocorria um fenômeno que se repete agora de forma bem clara no período de mudanças para a Era de Aquário e que, historicamente, mostra semelhança que não pode ser deixada de lado.

Áries, o signo da deflagração das forças da natureza, da combatividade e da coragem, leva a mudanças bruscas, à inovação, e valoriza a chefia e o mando. E o exemplo mais marcante desse espírito guerreiro está em Alexandre, o Grande, capaz de conquistar tamanha vastidão de terra que jamais outro general a ele se igualaria.

Tal conceito se amplia com as legiões romanas, organizadas de forma marcial perfeita, capazes de influenciar por dois milênios toda a arte da guerra. E alcança pontos máximos na figura de Aníbal, o desafiador general de uma pequena comunidade mediterrânea, capaz de se contrapor aos dominadores do mundo de então e mobilizar contra si o poderio do maior império da época.

A própria localização do maior dos desafios às cortes romanas, em um esquecido recanto da África mediterrânea, e o desafio de Aníbal à nação hegemônica da época, parecem se repetir nos princípios deste novo milênio, fazendo ressurgir no mesmo campo os mesmos desafios que caracterizam a mudança de Era.

Já então, naqueles perdidos 180 anos do passado, os princípios piscianos se expressam de forma notável nos pensamentos e na filosofia de Platão que, em seus diálogos, trata da ética e da moral, base da sistematização religiosa que se condensaria no pensamento dominante no Ocidente e no Oriente ao longo dos dois milênios seguintes.

Platão faz também, em *A República*, a primeira incursão moral sobre a forma de governo, num conceito típico de Peixes. Confúcio, pela influência que exerce sobre a escola taoísta, desempenha idêntico papel na religiosidade asiática, ao mesmo tempo em que a doutrina do Budismo cresce acentuadamente em uma época em que não havia meios de comunicação que permitissem a propagação rápida de idéias, conceitos e valores que passavam de pessoa a pessoa num processo lento e medido.

Capítulo 4

A evolução histórica

O Grande Signo de Peixes: A crença — De 191 a.C. a 11 a.C.

Com a abertura da rota da seda em 142 a.c., começa o intercâmbio entre culturas e religiões do Oriente e Ocidente. No Oriente Médio, os essênios se estabelecem em Qirbet-Qumran e difundem entre os judeus os princípios monoteístas rigorosos de Isaías.

Os romanos conquistam a Grécia em 146 a.C. e absorvem para sua cultura os princípios religiosos éticos dos filósofos helênicos, entre eles Platão. Toda a Itália recebe em 89 a.C. a cidadania romana. Roma completa a dominação do Oriente Médio em 64 a.C. e Júlio César conquista a Gália em 49 a.C.

Na região da Palestina os judeus se unem contra o domínio romano, superando diferenças religiosas antes inconciliáveis. A pregação dos essênios atinge seu ponto máximo. Os romanos destroem o templo dos judeus em Jerusalém em 70 a.C. Júlio César encarna a figura de deus, tornando-se em 44 a.C. imperador romano.

O imperador chinês Wu-ti estende o poder da dinastia Han a toda a Ásia Oriental, impondo princípios religiosos chineses bem próximos do monoteísmo.

O Grande Signo de Aquário: A expansão da fé — De 11 a.C. a 169 d.C.

Nasce (possivelmente em 6 antes da nossa Era) em Belém, na Judéia, o Nazareno, Jesus. Mais tarde chamado o Cristo, esse rabi judeu foi um pregador que, baseando-se nos textos judaicos de Isaías e nos ensinamentos essênios, criou princípios religiosos que mais tarde foram sistematizados e ordenados pelo soldado romano Paulo de Tarso, o primeiro a dar ao Cristianismo, de 27 a 30 d.C., seu formato dogmático e seu ritual tradicional.

No Japão é erigido em 5 d.C. o santuário nacional de Ise, símbolo da unificação religiosa japonesa. Jesus Cristo é crucificado em Jerusalém. Paulo de Tarso difunde os ensinamentos do Cristo em viagens missionárias de 46 a 57 d.C. Os apóstolos, baseados na tradição oral dos primeiros cristãos, escrevem os Evangelhos que deram base à difusão da doutrina.

Os budistas aceitam na terceira Conferência, em 125 d.C., a imagem esculpida de Buda. A rebelião judaica contra Roma em 132 d.C. provoca a diáspora (dispersão) dos judeus, que buscam novos territórios.

Grande Signo de Capricórnio: O trabalho — De 169 a 349 d.C.

O Confuncionismo é reconhecido oficialmente no Japão em 285 d.C. Desenvolve-se, em torno de 200 d.C., a teologia cristã com Tertuliano, Clemente e Orígenes. Por volta daquele mesmo ano, é concluída a codificação da lei judaica com o Mishnah.

O poder temporal dos papas e as bases do Cristianismo se consolidam entre 180 e 215 d.C. O Budismo se amplia na China, difundindo-se em âmbito nacional em torno de 200 d.C. Pelo Édito de Milão em 313 d.C., o Cristianismo passa a ser tolerado no Império Romano, onde o Sol, desde 274 d.C., era considerado o deus oficial.

Diocleciano reorganiza o Império Romano em 293 d.C. e, apesar da intensa perseguição que infligiu ao trabalho missionário, impõe colônias cristãs ao redor de todo o Mediterrâneo.

Grande Signo de Sagitário: A conquista — De 349 a 529 d.C.

A Bíblia recebe em 404 da Era Cristã a sua versão latina, a Vulgata. Os francos se convertem em 497 d.C. ao Cristianismo. Em 379 d.C., o Budismo é considerado religião oficial da China e de todo o sudeste da Ásia, substituindo o Induísmo. Surge na Índia a era Gupta, durante a qual a estabilidade religiosa e política permite forte desenvolvimento cultural e espiritual.

É nesse período que se desenvolve o sistema numérico decimal. Descobre-se o símbolo para o zero. As invasões de hunos, godos e vândalos na Europa, entre 376 e 455 d.C., levam esses povos a se mesclarem a populações nativas, criando reinos na periferia do antigo Império Romano e absorvendo o conhecimento e as práticas das doutrinas cristãs.

Os anglo-saxões iniciam a colonização da Bretanha abrigando a ação de missionários cristãos na ilha. Nesse século, o IV da Era Cristã, o Cristianismo se torna a religião oficial do Império Romano e passa a receber a proteção imperial. Surgem as grandes basílicas e santuários.

Signo da independência individual, da conquista de novos espaços, da expansão, Sagitário também representa a hierarquia e a ostentação. Os acontecimentos do período revelam de forma eloqüente a influência do signo do Centauro.

As religiões assumem, nesse período, um papel oficial e reconhecido pelo poder temporal.

Grande Signo de Escorpião: A violência da intolerância — De 529 a 709 d.C.

A anarquia se instala na China em 617 provocando revoltas populares contra o poder e a religião. Gregório, o Grande, expande em 590 o poder temporal do papa, estabelecendo as bases de lutas por domínio envolvendo a religião.

Nasce em Meca, na Arábia Ocidental, o profeta Maomé (570-632 d.C.), que prega a existência de um só deus, Alá, e atribui o conceito de infiel a todos os que não professassem os princípios do Corão. Vítima da intolerância em Meca, ele se retira em 622 com seus seguidores para Iatreb (Medina), onde morre em 632. Tem início em 634, sob o Califa Abu Bakr, a expansão árabe. Os maias alcançam por volta do ano 600 o ponto máximo de seu império na América, e sacrifícios humanos marcam sua religiosidade.

Na China a dinastia Tang dá início a uma "era de ouro" e estabelece um estilo de Budismo aceito em todo o império (626-629); mas, na Coréia, a religião foi imposta com a morte de um quinto da população. O Budismo chega ao Japão em torno do ano 550 e provoca reações violentas entre os defensores do Bushidô, o código de honra das classes guerreiras, profundamente ligadas ao animismo das crenças populares.

Durante todo o século VII, o Cristianismo é marcado por disputas entre as Igrejas de Roma e Constantinopla em um quadro de forte intolerância entre os dois grupos. Também no século VII, Bizâncio adota posições agressivas contra os árabes e os eslavos. Os monastérios fundados na Itália por São Bento em 529 servem de base para a propagação da fé e da intolerância com os não-cristãos.

Grande Signo de Libra: A pacificação com harmonia — De 709 a 889 d.C.

No ano 800, Carlos Magno é coroado imperador em Roma. São Bonifácio inicia sua missão na Alemanha em 722. Os monastérios fundados entre os séculos VIII e IX servem de retiro e de fonte de pesquisa e desenvolvimento da cultura humanística e religiosa. Implanta-se a severa disciplina beneditina, base de toda a vida monástica cristã. Depois de atingir seu apogeu, o Império Tang na China começa a se debilitar, mas deixa uma herança de unidade e paz.

Após uma fase de tumulto escorpiano, o mundo vive um período de maior estabilidade e equilíbrio, reflexo claro da ação libriana, que tem como princípio o equilíbrio e, como fim, a paz.

Libra mostra a cooperação, a diplomacia e a arte do diálogo ao lado de um quadro de indecisão quanto aos rumos a seguir e de desânimo, elementos que se revelam típicos desse período em que Vênus, o planeta que governa o signo, deixou profundas marcas na evolução da humanidade.

Ao lado do senso de valores que esse planeta nos impõe, há a regência dos contatos emocionais, da moral e do temperamento que, em termos da evolução dos povos, se mostrou claramente nos rigores impostos pelo comportamento monástico da época e nos princípios surgidos com os estudos e trabalhos dos monges e filósofos que marcaram esse período.

Grande Signo de Virgem: A classificação pela divisão — De 889 a 1.069 d.C.

A Inglaterra é unificada sob Edgar em 959. No Japão, tem início em 967 a dominação Fujiwara. Em 979, ocorre a reunificação da China sob a dinastia Sung. O texto do Corão é finalizado em 935. Na Europa, em 962, Oto I controla a Alemanha, cruza os Alpes e conquista Roma, iniciando o período otônida, de forte influência cristã, que se materializaria com o nome de Sacro Império Romano.

Na China, o Império Tang chega ao fim com a destruição da maior cidade do mundo à época, a capital Chang-an. O Império Romano do Ocidente se fragmenta sob as mais diferentes invasões e ataques dos então chamados povos bárbaros. No Oriente se desintegra o Império Tibetano, e o último imperador da dinastia Tang é deposto. Surgem na Europa e no Oriente novas províncias que consolidam seu desenvolvimento harmônico pelos séculos seguintes.

Grande Signo de Leão: Ambição e domínio — De 1.069 a 1.249 d.C.

Realiza-se em 1099 a primeira grande cruzada, e os cristãos tentam a tomada de Jerusalém (até 1135). Gregório VII é eleito papa e inicia um conflito entre o poder imperial germânico e Roma se torna Estado laico. Cresce o poder temporal do papa que rivaliza com reis e imperadores.

Gengis Khan fundador do primeiro império mongol, inicia em 1211 sua grande caminhada de domínio, levando sua ambição conquistadora a todos os recantos do mundo conhecido com seus *khanatos*, que tinham feição política e religiosa e hostilizavam abertamente as religiões locais, buscando impor o seu ancestral xamanismo. Os mongóis acabam por se deixar dominar pelas religiões das áreas conquistadas, o Budismo, o Islamismo e o Cristianismo, que consideravam superiores à sua.

Grande Signo de Câncer: Fecundidade e inspiração — De 1.249 a 1.429 d.C.

Bonifácio III é assassinado e o papado se transfere em 1309, para Avignon, na França, gerando as bases do grande cisma de

1378. A autoridade de Roma é contestada por grupos que aparecem na defesa do que consideram ser um Cristianismo puro e legítimo, lançando as bases para futuras divisões internas na Igreja.

A doutrina cristã fomenta em si novas ramificações que se espalham por toda a Europa, pregando um retorno ao Cristianismo primitivo. Nessa mesma época, grassa naquele continente a peste negra a partir de 1347.

Na China, o camponês Chu Yuan-Chang funda em 1368 a dinastia Ming. Pequim se torna "cidade proibida". O Império Ming inicia sua expansão e navegadores chineses realizam viagens por mar até a África entre 1413 e 1415.

Grande Signo de Gêmeos: A mobilidade e a intriga — De 1.429 a 1.609 d.C.

É o período da História em que se dá a conquista do Novo Mundo, as Américas, como resultado das chamadas grandes navegações.

Em 1434, surgem na Inglaterra e na Boêmia as dissensões de John Wycliff e Jan Hus, os primeiros reformistas da Igreja Católica. No Japão, consolida-se o domínio do clã Ideoshi em meio a intrigas e violenta luta entre chefes feudais dos diversos clãs de samurais rivais. Martinho Lutero, proscrito pela Igreja em 1520, dá início à grande Reforma protestante.

Colombo chega à América em outubro de 1492. Os portugueses dobram o cabo da Boa Esperança em 1487 e tomam posse das terras do Brasil em 1500. Portugueses e espanhóis iniciam a expansão européia pelo mundo.

Começa o Renascimento italiano (1452-1527). Copérnico desafia os dogmas da Igreja e publica *Da revolução dos corpos celestiais*. Na América, Cortês e Pizarro dizimam os Impérios Asteca e Inca em 1521 e 1537, respectivamente. Os ingleses estabelecem sua primeira colônia na América do Norte em 1607.

*Grande Signo de Touro: A fixação pela inteligência realista —
De 1.609 a 1.789 d.C.*

Começa na Europa a chamada Revolução Científica com Kepler (1571-1630), Bacon (1561-1626), Galileu (1564-1642) e Descartes (1596-1650). Morrem, em 1616, Cervantes e Shakespeare.

No Japão o xogunato Tokugawa dá ao país, em 1609, o maior período de estabilidade em sua história. Começa em 1618 a Guerra dos Trinta Anos, que define as fronteiras na Europa. Os primeiros jornais regulares do continente europeu surgem em 1620.

Instala-se o período revolucionário inglês (1642-1689). Entre 1660 e 1690, o teatro e a cultura de fundo realista ganham importância na França, destacando-se as figuras de Molière, Racine, Corneille e Poussin. Isaac Newton publica em 1687 o *Princípios práticos da física natural*.

Na Alemanha, a música barroca ganha seus maiores nomes — Handel, Bach e Buxtehude. Em 1709, começa a produção de ferro-gusa. No Oriente Médio, é iniciada em 1735 a "purificação do Islã" com o movimento Wahabita.

Surge o Iluminismo europeu com Voltaire (1694-1778), Diderot (1713-1784) e Hume (1711-1776). Jean-Jacques Rousseau publica O *contrato social* em 1762. Surge a máquina a vapor de Watt (1769) e a máquina de fiar movida a água (1769). Começa a Revolução Americana (1775).

Adam Smith publica, em 1776, *A riqueza das nações*. Em 1781, Kant publica *Crítica da razão pura*. As 13 colônias inglesas na América se tornam independentes em 1776.

Grande Signo de Áries: Mudança pela violência criadora —
Fim da Era de Peixes — De 1.789 a 1.969 d.C.

Com a queda da Bastilha e a Revolução de 1789, a França abole o sistema feudal e aprova a Declaração Universal dos Direitos do Homem.

O general George Washington lidera os colonos, derrota a Inglaterra e se torna, em 1789, o primeiro presidente americano. Em 1792, é criado o primeiro tear a vapor. Começa na Prússia, em 1807 (Alemanha), a reação européia ao tráfico de escravos. Treze novos países surgem com a independência da América Espanhola e Portuguesa (1808-1828).

Ocorrem as chamadas Guerras Napoleônicas (1799-1815). As monarquias absolutistas perdem força e surgem as monarquias constitucionais. Em 1817, é fundada em Calcutá, na Índia, a Universidade Hindu. O motor elétrico e o gerador são inventados por M. Faraday em 1821, e em 1825 é criada a primeira ferrovia.

O Brahmo-samaj, movimento de renovação religiosa, surge na Índia em 1828. Os países europeus expandem suas conquistas na África. Começa a Revolução Industrial, e o primeiro regulamento sobre o trabalho na indústria na Inglaterra é criado em 1833. Os prussianos inventam em 1836 a espingarda carregada pela culatra.

A Guerra do Ópio leva à anexação de Hong Kong à Inglaterra em 1842. É instalado em 1844 o primeiro telégrafo elétrico, entre Baltimore e Washington, Karl Marx e Frederick Engels publicam o Manifesto Comunista de 1848. Em 1854, o Almirante Perry força o Japão a se abrir para o mundo. Chega ao fim, em 1867 o xogunato Tokugawa.

A fórmula de produção industrial do aço é descoberta em 1856. Darwin publica *A origem das espécies* em 1859, ano em que também é perfurado o primeiro poço de petróleo. Pasteur desenvolve a teoria dos micróbios geradores de doenças em 1861.

Naquele ano, tem início a Guerra Civil Americana. Os europeus ampliam suas conquistas na Ásia.

Começa, em 1865, a mais cruenta guerra já ocorrida no hemisfério sul, um conflito que envolve a Tríplice Aliança — Argentina, Brasil e Uruguai — contra o Paraguai. Em 1865, findam a escravidão nos Estados Unidos e a Guerra Civil americana. Morre Abraham Lincoln. Na Austrália, o direito das mulheres ao voto é reconhecido em 1861. Alexandre Grahan Bell inventa o telefone em 1876.

Em 1863, é fundada a Cruz Vermelha Internacional. O papa é declarado infalível em matéria de dogma (1870). A iluminação pública surge em 1878, e o primeiro local a recebê-la é uma rua de Londres. Daimler e Benz desenvolvem o primeiro automóvel em 1885.

Dunlop inventa o pneumático em 1888. Röentgen descobre os raios X. É rodado o primeiro filme (1895). Marconi inventa o telégrafo sem fio em 1896. Com Teodore Herzl, surge em 1897 o Movimento Sionista, que reivindica uma terra para os judeus.

Alberto Santos Dumont realiza em 1903, em Paris, o primeiro vôo controlado de um objeto mais pesado que o ar. Freud publica os primeiros trabalhos sobre a psicanálise em 1900. Albert Einstein expõe a Teoria da Relatividade em 1905. Em 1910, é descoberto o plástico. Ford inventa a produção em série de automóveis em 1913.

Em 1914, começa a Primeira Guerra Mundial com o desenvolvimento de novas armas e o emprego da aviação. Em 1917, os bolcheviques tomam o poder na Rússia. A Declaração Balfour promete uma pátria aos judeus. Termina em 1918 a Primeira Guerra Mundial com um gasto total de 2,85 trilhões de dólares (valor atualizado em 1995) e 15 milhões de mortos.

São feitas as primeiras transmissões de rádio. A Segunda Guerra Mundial mata mais de sessenta milhões de pessoas a um custo total de quatro trilhões de dólares (valor de 1995). O uso da energia atômica para fins militares começa com o ataque americano a Hiroshima e Nagasaki.

Em 1926 é inventada a televisão, e Fleming desenvolve em 1928 a penicilina. Surgem em Penemunde os primeiros foguetes, as bombas voadoras nazistas V-1 e V-2.

Por fim, como corolário desse Grande Signo, duas grandes potências — os Estados Unidos e a União Soviética — realizam na prática a divisão do mundo em dois blocos ideológicos. Inicia-se a chamada Guerra Fria contrapondo capitalismo e comunismo. Em 1957, os soviéticos lançam o primeiro satélite e realizam em 12 de abril de 1961 o primeiro vôo orbital tripulado com Yuri Gagarin. A corrida nuclear assume proporções assustadoras com arsenais que dariam para a destruição de todo o planeta com uma pequena fração dos estoques de armas americano e soviético. Novas nações ingressam no chamado Clube Atômico. A corrida espacial ganha contornos definidos, e os Estados Unidos lançam o programa Apolo, destinado a levar o homem à Lua.

Capítulo 5

As Eras próximas

26.111 a.C. — Peixes

O *Homo sapiens* toma consciência do seu potencial e intelecto e sucede o homem de Neandertal como espécie dominante, iniciando o povoamento de partes da África, Europa e Ásia. Revela-se, pela primeira vez, a consciência daquele que a ciência denominaria *Homo sapiens sapiens*, que ainda habita cavernas improvisadas, vive da caça e começa a fazer as primeiras observações do ambiente ao redor.

23.951 a.C. — Aquário

O *Homo sapiens* domina o fogo, cria os seus primeiros instrumentos de caça e usa da natureza a seu favor, estabelecendo-se em grupos de indivíduos que articulam sons como arremedo de uma linguagem comum. Aprimora os instrumentos de ossos de animais abatidos, observa a natureza, dela tirando alimentos e experiência. Delimita áreas de vivência e começa sua evolução na busca do conhecimento.

21.791 a.C. — Capricórnio

O homem aprende a trabalhar com maior técnica os instrumentos e armas de pedra, desenvolve a cerâmica, entalha a madeira, faz peças e objetos de palha e osso, produzindo com esses materiais as suas primeiras ferramentas de trabalho. Os membros do grupo agora se organizam, numa primeira tentativa de ordenamento de responsabilidades comuns. A própria natureza começa a ser usada na transformação de alimentos. Criam-se grupos de caça e defesa. Ainda habitando cavernas e choças de palha, pedra e barro, o homem as protege com barreiras feitas de pedra e madeira.

19.631 a.C. — Sagitário

Surgem as primeiras estruturas de liderança de grupo, e o homem se aventura em busca de novos territórios, ampliando seus horizontes. Formam-se os primeiros grupos de caça organizados, armados de lanças e flechas com pontas de pedra e osso. Bem estruturadas, essas armas dão mostras de maior técnica e de seu poder letal. São domesticados os primeiros animais que passam a produzir alimentos essenciais como o leite e a carne.

17.471 a.C. — Escorpião

Surgem as primeiras estruturas de organização nas tribos, que se armam e descobrem a guerra, transformando-se em grupos de guerreiros que dominam áreas específicas de caça e de defesa do território. Desenvolve-se a inteligência coletiva, e o homem utiliza pela primeira vez os processos de escolha de um líder e chefe religioso que, visando à harmonia do grupo, obtém o domínio sobre a tribo. A espécie se aventura fora das cavernas e de seus territórios fechados, abrindo novos horizontes de crescimento e desenvolvimento.

15.311 a.C. — Libra

As primeiras tribos descobrem os princípios da organização social e cada um de seus membros ganha um papel específico dentro daquela estrutura então dominada pela família. Como conseqüência, são estabelecidas as primeiras normas de conduta social. Os grupos se unem pelo parentesco e por características raciais próprias e específicas. Adotam-se os primeiros critérios de julgamento e avaliação de atos alheios, um arremedo de justiça aplicada pelo líder do grupo.

13.151 a.C. — Virgem

Organizado socialmente, o homem descobre novas técnicas de afirmação de sua criatividade. Desenvolve-se o artesanato como conseqüência do aprimoramento dos instrumentos de trabalho; estes agora passam a ser decorados com temas próprios do grupo, mostrando osso ou madeira esculpidos. Também se aperfeiçoam as armas, que ganham ainda maior poder letal com o polimento e uma ponteira que lembra espinhas de peixe. O homem faz a sua primeira manifestação artística com pinturas rupestres, decoração do corpo com tintas que representam seu estado de ânimo e emoções. Surgem os entalhes de osso e madeira de caráter decorativo com temas ligados à vida do grupo.

10.991 a.C. — Leão

Os primeiros grupos nômades são socialmente organizados com um chefe guerreiro que partilha o poder com o líder religioso. O homem busca seu espaço, organiza lideranças nos agrupamentos que já sugerem a formação tribal, domina o território e as espécies animais nele existentes. Desenvolve também os sistemas de defesa ordenados em toda a sociedade e amplia suas manifestações artísticas que se personalizam. Surgem os primeiros tecidos. Nessa Era, o homem consegue o domínio permanente do fogo e descobre a forma de usá-lo a seu favor.

8.831 a.C. — Câncer

As primeiras famílias são estruturadas com a definição de laços sangüíneos nos grupos e dentro das tribos. Aparecem as organizações sociais dominadas pelo matriarcado. São construídas pela mão do homem as primeiras habitações duradouras de barro e pedra. Faz-se a primeira experimentação de agricultura de sobrevivência. Os grupos sociais começam a estabelecer padrões de hereditariedade e criam escala de valores para as ligações entre seus membros. Registram-se oralmente a vida e os feitos dos principais componentes do grupo, estabelecendo-se as primeiras manifestações da história oral. Têm início as práticas de tecnologia, com o trabalho de novos materiais como a cerâmica, a madeira e formas primárias de metal elaborado com o uso do fogo.

6.671 a.C. — Gêmeos

Aparecem nessa Era os primeiros grupos lingüísticos e o homem desenvolve o sentido de comunicação com outros agrupamentos de indivíduos da mesma espécie. A tradição oral se estabelece entre as tribos, que registram feitos dos seus membros mais importantes e a sua história. A comunicação entre grupos ganha importância. Esboça-se a primeira forma de linguagem escrita entre as culturas socialmente organizadas. O homem agora se volta para o cultivo de sementes em substituição à caça, que se torna rara em alguns territórios. As primeiras habitações regulares, fora das cavernas, ganham estrutura coletiva. A roda passa a ser elemento de uso comum, usado com fins militares por alguns grupos em áreas restritas. O homem domina o metal.

4.511 a.C. — Touro

O homem se torna sedentário e desenvolve a domesticação dos animais. O pastoreio do gado assume então papel preponderante na fixação das tribos ao território, juntamente com formas primárias de agricultura. A espécie desenvolve o uso do cobre e do bronze e emprega a roda como forma usual no deslocamento de carga. Surgem as primeiras civilizações de pastores. Em Creta, aparecem as manifestações religiosas de Minos. No Egito, organiza-se a primeira grande civilização agrícola e pastoril do mundo conhecido. São construídas as primeiras pirâmides, e as moradias de pedra e barro se tornam comuns. A força física do homem substitui o matriarcado na estrutura familiar embrionária.

2.351 a.C. — Áries

O domínio dos metais, o sedentarismo decorrente da agricultura intensiva, o desenvolvimento das técnicas de combate e guerra, a medicina, a astronomia e a sólida estrutura social fazem surgir as grandes civilizações. Organizam-se os primeiros exércitos e os chefes guerreiros ganham importância e assumem a liderança de povos estruturados em reinos. Estabelecem-se governos com áreas territoriais mais amplas. Desenvolvem-se armas e técnicas de combate. O pastoreio floresce com rebanhos de cabras. O aríete, com a cabeça de carneiro, símbolo da própria Era de Áries, torna-se a arma mais importante de domínio e conquista. As esculturas são a representação do carneiro e seus cornos. Inicia-se o processo de conquista de povos e territórios. Os hicsos usam a roda e cavalos como armas de guerra. As cidades gregas surgem como estrutura avançada de organização social. Roma é fundada em 753 a.C. Difunde-se a navegação costeira. Os povos asiáticos iniciam sua expansão e tribos guerreiras como os citas, os altari e os *pazyryk* desenvolvem complexos níveis de cultura de conquista nas estepes. No Oriente Médio, a arte da guerra é levada ao seu ponto máximo. As tribos de Israel se organizam sob um sistema religioso militarizado. As bases da evolução humana são formuladas no pensamento de Zoroastro em 660 a.C. com seu código religioso e ético. O nascimento de Buda em 558 a.C. dá origem às primeiras sementes de um novo comportamento religioso para o Oriente. Platão (427 a 347 a.C.) estabelece os princípios morais que levam o homem a mudar seus conceitos e valores, criando a base para o surgimento das religiões organizadas no Ocidente.

Termina assim a Primeira Grande Era do *Homo sapiens* que, ao longo de 25.920 anos, descreve o processo de fixação do homem em seu hábitat. Uma conquista de espaço e preparação para um novo tempo em que o poder físico cede lugar à força da mente e do espírito. A espécie humana cumpre sua evolução sob a influência dos astros.

Capítulo 6

As Eras contemporâneas

191 a.C. — Era de Peixes

O profeta Isaías anuncia, com uma antecipação de vários séculos, a nova religião de Israel, condenando o politeísmo de outros povos e estabelecendo as bases do monoteísmo e os princípios que dariam origem à prática religiosa judaica e cristã. Na sua profetização dos tempos a vir, ele se refere à Era que se encerrava ao proclamar: "Se o SENHOR DOS EXÉRCITOS não nos tivesse deixado alguns sobreviventes já nos teríamos tornado como Sodoma e semelhantes a Gomorra." Prega um novo código que valoriza a prática do bem, da justiça e da caridade e faz profecias que indicam a chegada de um novo tempo de religiosidade e aproximação entre os homens. Na Ásia, o Budismo se estrutura e ganha a maioria das nações. Os essênios difundem as bases morais de Isaías entre os judeus. Surge o Cristo com sua pregação de um código de comportamento religioso que, sistematizado por Paulo, vai dominar o Ocidente por toda a nova Era. O politeísmo é aos poucos substituído no Ocidente e no Oriente pelas religiões monoteístas. Os impérios guerreiros começam a perder sua força, aparecendo os primeiros reis legisladores. O touro e o carneiro, símbolos das duas Eras anteriores, dão lugar ao peixe, que representa e figura a nova Era. O ser humano inicia a preparação para seu crescimento e evolução, desenvolvendo as ciências, as artes, os costumes e a moral. Por dois mil anos, evolui o pensamento; a espécie humana ganha importância e se expande, dominando todo o planeta em conquistas em nome da religião. A América é colonizada sob o signo do Cristo e nela, com a destruição dos gentios, desaparecem as últimas civilizações guerreiras — a ınca e a asteca. As tribos dispersas de Israel se reencontram em um território reconquistado 1.900 anos depois da diáspora. É a Era da dominação pelo pensamento e da preparação para o renascimento.

1.969 d.C. — Era de Aquário

Depois de viver um período de transição (cúspide das eras) que se alongou pelos quase dois séculos (180 anos) que se seguiram à Revolução Francesa, a espécie humana assiste a profundas mudanças na sua forma de ser, conhecer e se desenvolver. As bases foram lançadas pelas mudanças ocorridas durante essa cúspide. Entre os acontecimentos que já antecipavam a era de Aquário estão: a ratificação pelos 13 estados, em 1787, da primeira Constituição moderna de um país livre, na Europa é iniciada a Revolução Industrial, chega ao fim o isolamento do Japão com a eliminação do xogunato e a Revolução Bolchevista instaura o sistema comunista na Rússia. Nessa fase de antecipação, o capitalismo se impõe como sistema econômico dominante. Surgem as repúblicas como idealizadas na Grécia e a democracia se impõe como regime de governo. A monarquia de origem divina se extingue. A religião formal perde força. Duas grandes guerras põem fim às tentativas de domínio hegemônico mundial. Inicia-se a era atômica em Hiroshima, em 6 de agosto de 1945. O homem ensaia a conquista do espaço com os primeiros satélites artificiais, lançados como conseqüência da disputa entre as duas grandes potências, a União Soviética (com o Sputnik 1, em 4 de outubro de 1957) e os Estados Unidos (com o Explorer I, em 31 de janeiro de 1958). As religiões estruturadas formalmente decaem e surgem as seitas messiânicas, que ganham força e adeptos. Mudam os costumes políticos e o comportamento dos jovens. Os líderes da primeira parte da Nova Era se manifestam por todo o mundo. Em Bethel, Nova York, nos Estados Unidos, a Feira de Música e Arte de Woodstock, encontro da chamada contracultura, reúne quinhentos mil jovens da chamada geração *hippie* e introduz no mundo a valoração do "ser" contra o "ter" que caracterizou toda a Era de Peixes. É outro dos sinais e promessas que antecipam um novo tempo em que a importância do ser humano será medida por aquilo que ele é e não por seus bens e propriedades. No dia 20 de julho de 1969, às 20h17min43s (17h17 de Brasília), praticamente na mudança de regência de Câncer para Leão, o homem, pela primeira vez, pousa em um outro corpo celeste. Neil Armstrong e Edwin Aldrin, a bordo do módulo Eagle, uma nave auxiliar da Colúmbia, comandada por Michael Collins, exatamente às 23h56min31s, descem ao solo da Lua. É a mais arrojada aventura do ser humano ao longo de vinte séculos da história da evolução tecnológica, num simbolismo exato da conquista do espaço fora da Terra, uma Nova Era, a Era de Aquário...

PARTE 4

Aquário hoje...

"Minha oração e meu sacrifício e minha vida e minha morte pertencem a Alá, o Senhor dos mundos"...*

Na cabine de comando do Boeing 767 da American Airlines, vôo 11 saído de Boston com destino a Los Angeles, uma cena insólita marca aqueles minutos que antecedem as 9 horas da manhã de 11 de setembro de 2001 e também a vida dos 81 passageiros e 11 tripulantes da aeronave. O grande pássaro prateado realiza uma operação para aproximar-se de Nova York em inexplicável desvio de sua rota. Um homem de pele azeitonada, baixa estatura, barba incipiente, abate friamente o piloto. Era o cumprimento das ameaças feitas pelo intercomunicador da aeronave; e em voz metálica anunciava-se a volta ao aeroporto, sem qualquer referência ao comando terrorista que assumira o controle do Boeing. Os passageiros, inquietos e curiosos, começavam

---
* Citação do Corão, livro sagrado muçulmano, feita na tese de doutorado do egípcio Mohamed el-Amir Awad el Sayed Atta, considerado o líder do ataque terrorista ao World Trade Center em 11 de setembro de 2001, em Nova York, Estados Unidos.

a perceber a longa volta que os fazia passar sobre Nova Jersey e agora Nova York. Na cabine, de pé, um homem de tipo árabe, vestido à moda ocidental, cabelos curtos, barba bem-feita, dirige seus olhos ao painel de controle, afastando o corpo sem vida do comandante do vôo. Outro homem assume os comandos do avião, agora já não mais entregues ao piloto automático. A aeronave prateada, com o símbolo do duplo "A" da American Airlines na cauda, começa a perder altitude, embora com velocidade de cruzeiro. A mais de setecentos quilômetros por hora, o avião faz uma longa curva que o põe em direção à ilha de Manhattan. Nas feições árabes daquele que parecia chefe dos seqüestradores do vôo 11, a determinação de um fanático. Seus lábios se movem em uma espécie de oração silenciosa. O improvisado piloto aciona o manche realizando um suave plano descendente em sua linha de aproximação da ilha, símbolo da maior cidade americana. A curva em torno de Manhattan permite a visão rápida de parte da ilha nos pequenos visores da cabine e mostra a velocidade crescente do grande jato. O chefe do grupo, um egípcio chamado Mohamed Atta, faz um sinal afirmativo com a cabeça levando seu companheiro a acelerar ainda mais o giro das turbinas, que impulsionam a aeronave no céu claro de uma Nova York que começava a despertar para seu maior pesadelo. Quase simultaneamente, as turbinas do potente Boeing denunciam o acréscimo de potência, fato estranho diante da rota descendente em direção à ilha. A aceleração repentina dos motores provoca um leve tremor na cabine. Os comandos à frente do piloto apontam para a baixa altitude e no radar começam a aparecer os sinais de obstáculos na rota traçada para o vôo. Dois deles aparecem no círculo principal do radar como traços verdes no caminho adiante do 767. Mohamed Atta levanta os olhos. O avião é nivelado num plano de vôo de baixa altitude sobre Nova York. À frente, por alguns segundos, o árabe, ainda em pé na cabine, divisa em rota de colisão daquele jato as duas torres do World Trade Center, as

chamadas "torres gêmeas", símbolo do capitalismo americano e emblemática expressão do comércio mundial. Na manhã clara daquele dia, Atta iniciava um plano cuidadosamente elaborado. Ele sabia que, naquele mesmo instante, três outros comandos a bordo de aeronaves civis americanas também tinham missão a cumprir. O árabe desvia o olhar para o painel de controle e pede um pequeno ajuste no manche do Boeing, que também em terra chama a atenção por estar fora da rota habitual dos grandes jatos em Manhattan. Com maior aceleração, o improvisado piloto dirige o pesado avião em direção à torre norte do conjunto, os dois mais altos dos prédios nova-iorquinos. O altímetro emite um irritante sinal de alarme, indicando a proximidade do solo e os obstáculos à frente — prédios do centro nervoso de Nova York. São apitos curtos e estridentes. A aeronave, em rota anormal e a poucas centenas de metros do solo, descreve sua curva final de aproximação. À frente, a imponente torre norte diante da cabine de comando do jato. Entre dentes, Mohamed Atta murmura: "Allah Akbar..." E observa sua aproximação acelerada do obstáculo. Um alvo que ele, mentalmente, calculou ser o meio da gigantesca torre. O Boeing 767, em velocidade máxima, projeta-se por inteiro no prédio envolvendo-se em uma bola de fogo formada pelo combustível que se espalha em chamas pelos andares próximos. Atta desvia o olhar do painel para o caos à frente. Em seus últimos segundos de vida, em meio à explosão de fogo, fumaça e ódio, o egípcio murmura de novo: "Allah Akbar..."*

Naquele exato momento, na invocação a Alá, o fanático muçulmano mudava o rumo da História, em ato de aparente protesto contra a maior nação do mundo. Na violência e cruel-

---

* Reconstituição ficcional dos momentos que antecederam o ataque terrorista com o Boeing 767 do vôo 11 da American Airlines contra a torre norte do World Trade Center em Nova York, às 8h45 de 11 de setembro de 2001.

dade de uma ação terrorista contra civis, o árabe inicia um atentado que marca consciências, agride o mundo e reafirma o fim da influência da Era de Peixes. E, na insanidade do terrorismo em nome de Deus, dá validade aos conceitos da Era de Aquário. Um grupo de fanáticos desafia o maior símbolo material de um tempo que finda. Pela primeira vez na história da humanidade, uma religião desafia para a guerra, a potência dominadora da civilização.

É o nascer do ciclo aquariano das relações do mundo com as religiões e as guerras.

Capítulo I

As dores do parto

Nos relatos bíblicos da condenação divina do ser humano à expulsão do paraíso terrestre, a frase "multiplicarei sobremodo os sofrimentos da tua gravidez; em meio a dores darás à luz filhos..." é uma das mais curiosas referências às mudanças fisiológicas que levaram a espécie a ser a única a ter gravidez, parto e pós-parto em meio a sofrimento e dores, o que distingue de forma marcante as circunstâncias de seu nascimento das de outras espécies.

Da mesma forma, isso ocorre com as mudanças de Eras e de signos. A passagem de um a outro signo é sempre traumática e é marcada por dores e sofrimento, desconforto e inadaptação. É o período da "cúspide", durante o qual se misturam elementos de uma nova vida com aquela que a gerou, provocando fenômeno curioso na história da humanidade, como se a natureza nos dissesse que, para nascer com um novo tempo, somos obrigados a sofrer as dores e a agonia da mudança.

Não é diferente com a passagem das Eras, sempre precedidas de um Grande Signo de mudanças que se assemelham às alterações fisiológicas da gravidez. Tais mudanças levam à plenitude da nova vida. Esta, ao ser exposta à luz, mantém forte vínculo com o período anterior em um processo de adaptação até que consiga, por si, nutrir-se. A imagem da gravidez, parto e nascimento se enquadra à perfeição ao ciclo de mudanças na regência das Eras, refletindo também aí a influência da natureza sobre a evolução humana.

Considera-se, com boa dose de razão, que a dor do parto humano é única entre todas as que se verificam nas demais espécies. O parir com sofrimento talvez seja resultado de uma cultura que nos legou a noção do conforto corporal, pois entre os humanos o parir se faz com a mulher deitada em leitos e almofadas, ao contrário do que ocorre com todos os outros mamíferos, que desconhecem a manipulação do ambiente em favor de seu próprio bem-estar. Isso fez com que nos condicionássemos a enviar ao cérebro no momento do parto mensagens de dor e sofrimento como um mecanismo de natureza puramente fisiológica.

A transposição desse sofrimento à mudança das Eras é óbvia, uma vez que tratamos aqui também da cultura humana, de nossa espécie, como um lapso de tempo encapsulado em nossa história.

Por isso, a mudança de Era nos traz agora momentos de dor e sofrimento, símbolos exatos do fim de uma época em que guerras e lutas envolveram uma entidade tipicamente pisciana: o Estado formalmente organizado. Até agora, todas as nossas guerras se fizeram envolvendo essa entidade formal, chamada poder temporal, materializada na figura do Estado nacional. É o legado dos conceitos de que Deus outorgou a um homem o poder de dirigir seu semelhante, tal como ocorria com a figura do rei nas antigas monarquias.

Embora esse conceito feudal de poder por herança divina tenha se alterado com a Revolução Francesa e o surgimento da democracia, ainda persistem na sua forma os velhos Estados. E, agora, entre eles, se manifestam as dores do parto da Era de Aquário.

Mas o momento da mudança chegou. Com os ataques terroristas ao World Trade Center, uma figura sem rosto e sem fronteiras, sem estrutura fixa e sem território, desafiou em nome de uma religião o poderio da mais poderosa de todas as nações da Era passada.

E o processo de mudança se acentuou com a invasão do Iraque pelas tropas da coalizão militar liderada pelos Estados Unidos e pelo Reino Unido. Ato do domínio que envolveu princípios claros das Eras do ciclo da evolução humana — o território, o poder militar, a capacidade da economia, a crença e a fé — numa expressiva forma de comprovação prática da influência planetária sobre as Eras da nossa espécie.

Capítulo 2

Começa Aquário...

A primeira cúspide de Aquário: O começo da Era
O sacrifício humanitário e o progresso — De 1969 a 2149

Com esse Grande Signo, lapso de tempo de 180 anos que vai de 1789 a 1969, o mundo assistiu às mais profundas mudanças já ocorridas na história da espécie humana. As relações entre servo e senhor foram extintas e substituídas pelo trabalho pago, fazendo surgir uma nova classe assalariada e que ganha a possibilidade de ascensão social.

A escravidão, uma herança milenar dos seres humanos e tolerada na Era de Peixes, é extinta, permanecendo como nódoa moral na história da espécie. A economia sofre o maior impacto dessas mudanças e ganha avanços progressivos com a invenção da máquina a vapor. Começa a Revolução Industrial, que valoriza dois dos elementos da produção — o capital e o trabalho —, usando-os como base para o crescimento de nações e do homem.

A religião tradicional, contestada pela Reforma de séculos antes, muda seu eixo de influência e deixa a cena política retornando aos seus objetivos pastorais, dividindo-se e fazendo surgir seitas e cismas dos mais diferentes.

Os direitos do homem, entendidos como naturais e fundamentais, mas que nunca antes haviam sido considerados, ganham força e se espalham como premissa básica de conquista de igualdade social para o indivíduo comum. A mulher deixa os cantos escuros que a faziam matriz e nutriz para se igualar ao homem em força, direitos e deveres.

As ciências e as artes se livram da tutela das lideranças religiosas e governamentais e abrem seu próprio espaço. A inventividade humana ganha foros de verdadeira explosão de tecnologia, nos quais o crescimento e o desenvolvimento se medem em progressão geométrica.

Em outro vínculo com o término de um tempo e o início de outro, a regência em Peixes do planeta Netuno, o deus grego do mar, deixa sua marca nestes dois últimos milênios e, coincidentemente, a Era chega ao fim com as derradeiras explorações dos mares, aquelas que nos levaram à conquista dos pólos Norte e Sul. E isso se deu depois que a influência de Netuno tornou a conquista dos oceanos o maior feito da humanidade ao longo da regência de Peixes sobre os homens. Esse avanço, que nos permitiu descobrir novos continentes e povos, chega aos dias de hoje pela contestada e inevitável globalização.

Outro dos pontos indicativos da mudança das Eras nos vem do chamado "povo escolhido" — os judeus —, do qual surgiu um dos maiores símbolos da Era de Peixes, o Cristo.

Dezoito séculos depois de os romanos destruírem toda a força militar dos judeus, dando origem à diáspora, os remanescentes das antigas 12 tribos de Israel se reúnem em um país, reconquistando a "Terra Prometida", onde criam um novo Estado. A diáspora é um fenômeno tipicamente pisciano por implicar refúgio, locais de sofrimento, dores e isolamento. A criação do

Estado de Israel em 1948 é outro dos sinais importantes do fim da Era de Peixes.

Mas a passagem de uma Era para outra não se faz de forma indolor. À maneira das dores de um parto, ela é marcada por experiências traumáticas. O ser humano vê surgir as contradições da política e, com elas, as guerras que matam milhões e desembocam num desenvolvimento tecnológico de instrumentos de morte em nível e progressão jamais assistidos.

O homem ganha os céus e os mares, e isso nos leva a novas armas e fontes de destruição. Dominamos a eletricidade e por ela se aceleraram máquinas que causam a morte. Dominamos o ciclo do átomo e dele fazemos a arma final do Armagedon.

Na contradição pisciana entre domínio e importância da matéria e do espírito, prevalece a matéria com o embate entre o capitalismo e o socialismo, ambos injustos na forma de sua aplicação política e econômica e em plena decadência neste início de uma nova Era. A queda do "império" soviético e a crise americana antecipam o desenlace dessa dualidade histórica.

Do conhecimento acumulado tiramos o seu reverso e dele criamos formas de destruição que desembocaram em duas guerras mundiais, estertores da morte da Era de Peixes. É o culminar de um processo evolutivo que fez com que o homem caminhasse da espada e do aríete ao tanque e à metralhadora, da flecha aos jatos de bombardeio e ataque; da caravela aos submarinos balísticos; da funda aos mísseis intercontinentais; da caridade com o vencido às formas cruéis de guerra química e bacteriológica.

Ao mesmo tempo em que prega a misericórdia cristã, o homem destrói civilizações em nome do Senhor e domina o fraco para difundir a fé, numa contradição que revela a chegada do fim de um tempo de aprendizado e de preparação.

É a mudança anunciada por uma época de conquista pela espécie humana de todo o ideal de desenvolvimento e equilíbrio.

Capítulo 3

O sangue em nome de Deus

Símbolo e síntese da Era de Peixes, o povo norte-americano, assim como os romanos na Era de Áries e os babilônicos, na Era de Touro, expressa de forma notável a influência astrológica sobre a história das civilizações por seu papel catalisador e pólo de todo o processo de evolução.

Na Babilônia — com a sua vinculação à "torre de Babel" bíblica, onde a comunicação se diversifica ampliando a maior das conquistas humanas na Era anterior, a de Gêmeos, com a linguagem refinada e elaborada, a suntuosidade de construções e moradas que expressava todo o apego ao luxo e à conquista do conforto pelos filhos de Touro —, tribos esparsas de nômades consolidam finalmente uma vocação sedentária que distingue esse período histórico e simboliza de forma evidente a cúspide de Touro para Áries em um período de 180 anos que antecedem e outro tanto que sucedem à mudança da uma Era para outra. A cidade era uma das mais importantes do mundo civilizado naquela mudança de Eras.

Roma, centro do mundo no fim da Era de Áries e no início da Era de Peixes, é a expressão do domínio pelas armas e fonte das maiores realizações humanas na arte bélica e fonte da primeira globalização que se conhece feita ao fio da espada. Nas sete colinas do Lácio nasce e se fundamenta toda a história de um povo que conquistou vastamente o mundo então conhecido, fazendo do Ocidente uma unidade cultural que tomou a forma de civilização institucionalmente estruturada, com suas leis, seus princípios éticos e morais e uma estrutura de vida que se alongou por mais de dois milênios.

Da terra de Ur, na Mesopotâmia, o homem conhece a casa e o conforto e se estabiliza em cidades-estado que expressavam o poder de tribos e famílias cuja maior expressão prática foi dada pelos sumérios em Ur, Nippur, Kish e Lagash — centros urbanos que bem revelam o caráter taurino daquela Era. As tribos se fixam em cidades e as fazem fonte de domínio e poder.

Com o fim desse domínio de cidades-estado sobre a civilização, surgem os primeiros embriões dos impérios característicos da Era de Áries, e os Acádios, liderados por Sargon (2.371-2.316 a.C.), mostram de forma clara essa profunda mudança na vida das comunidades de então. A Babilônia, centro de comércio que destacou a Mesopotâmia, atual Iraque, é seu símbolo mais conhecido.

Com a Era de Áries, seu ápice ocorre com o domínio de Roma que expande seu poder e seus costumes e língua, ampliando o conceito de universalidade, numa proposta antiga de globalização que atinge o ponto máximo na cúspide de Áries para Peixes, nos dois séculos anteriores à Era Cristã, até pouco mais do ano 200 d.C.

A mudança de Eras ocorre sempre em processo traumático de evolução, onde são acentuadas as características dos períodos que terminam e começam, destacando-os em um ou em outro sentido. De Touro para Áries foi a mudança do domínio territorial das tribos agrupadas em cidades-estado, uma típica expressão taurina, contra a formação de unidades mais amplas, militarmente preparadas, os impérios que aglomeravam sob uma mesma espada povos de tribos diferentes, numa exata representação de sentido de domínio e conquista de Áries. Na passagem de Áries para Peixes, o conflito se deu entre os impérios criados à força da guerra e o poder da espada pelo domínio de princípios mais ligados ao espírito, à religiosidade ou à crença. Pela primeira vez, o ser humano usa um conceito abstrato de um deus para se contrapor ao seu semelhante pela força física das armas.

Os Estados Unidos da América encarnam agora o instrumento histórico desse processo de mudanças de Era. Criado praticamente no último Grande Signo da Era de Peixes, em 1776, seu papel para a evolução se acentuou e cresce na medida em que concentra em si todos os elementos das Eras anteriores, dos quais os mais evidentes são os que caracterizaram as mais próximas.

De Gêmeos, os norte-americanos, como potência hegemônica deste início de milênio, guardam toda a força da comunicação humana. De Touro, o poder econômico e a sede pelo domínio como sua própria base emocional. De Áries, uma capacidade bélica jamais igualada por qualquer outro aglomerado humano na história da espécie e, de Peixes, os princípios fundamentalistas que norteiam sua ética e seus conceitos de religião e da divindade, a ponto de expressá-la em mensagens gravadas na sua moeda nacional, o dólar,* na maior de todas as contradições dos estertores da Era de Peixes.

Por essa representação de ápice e declínio de uma Era, os Estados Unidos assumem no mundo um papel semelhante, guar-

---

* Todo papel-moeda em dólar norte-americano tem a inscrição "In God we trust" (Em Deus confiamos), numa referência que tem sido condenada por filósofos e religiosos das mais diferentes crenças e correntes por encerrar princípios contraditórios de fé e materialismo.

dadas as proporções e diferenças históricas, ao de sumérios e babilônicos e dos romanos mais tarde. Autores, atores e personagem principal dos dramas com os quais se faz a história, carregam em sua força, sua gente, suas decisões e seu *american way of life* o estigma de representar fim e princípio, afirmação e decadência, apogeu e declínio, bem e mal de toda a Era de Peixes.

O ataque terrorista ao World Trade Center em 11 de setembro de 2001 foi o primeiro dos grandes atos desse drama histórico que se seguiu com a mudança de foco da política governamental norte-americana, que deixou uma postura de isolacionismo internacional esboçada nos primeiros meses da administração republicana do presidente George W. Bush, para tornar-se, com a justificativa de garantia da integridade de seu povo e território, a mais agressiva e belicosa das nações modernas, capaz de mobilizar toda sua força de superpotência para a realização de uma política externa que faz ressurgir, agora em nível mundial, os princípios imperialistas e intervencionistas da chamada política do *big stick* (porrete) do presidente Theodore Roosevelt nos princípios do século XX do milênio passado.

A espada de Aquário

O papel norte-americano na mudança de Eras carrega um pesado passivo histórico e reflete, pelos acontecimentos que se desenrolam desde 11 de setembro de 2001, o mapa astral dos Estados Unidos neste início de milênio.

As raízes da intervenção no Oriente Médio — envolvendo de um lado, inicialmente, a posição americana em relação ao conflito entre árabes e israelenses com apoio incondicional dos Estados Unidos a Israel e, numa segunda etapa, a ação militar direta que começou pelo desembarque de tropas no Iraque — se situam de forma evidente em fatores econômicos internos e externos que afetam de modo direto a estabilidade interna americana.

A HISTÓRIA REINTERPRETADA PELA ASTROLOGIA

A posição dos Estados Unidos em relação a Israel e o estado palestino é sabidamente uma "questão de Estado" que levou sucessivos governos americanos a apoiar Tel Aviv mesmo contra seguidas resoluções condenatórias da ONU e ações de guerra internacionalmente criticadas. A sobrevivência do Estado judeu é ligada umbilicalmente ao apoio norte-americano, sem o qual a nação hebraica teria pouca chance de sobrevivência num meio hostil com nações árabes dominadas pelo fanatismo religioso, que levou a exacerbação do conflito com palestinos e a um novo tipo de guerra, característico da Era de Aquário, a "intifada" dos homens-bomba e dos ataques suicidas.

Com a intervenção no Iraque, princípio de um processo político que ainda demandará vários anos para se concluir, prevaleceram fatores gerados pelo esgotamento progressivo das reservas de petróleo em território dos Estados Unidos e a excessiva dependência econômica interna americana para com esse combustível fóssil e, como fator mais imediato, a opção iraquiana de eleger a moeda européia — o euro — como padrão para suas vendas de petróleo ao exterior.

E tais elementos econômicos têm como raiz a chamada primeira "Guerra do Golfo" deflagrada contra o Iraque após a invasão do Kuwait por seu vizinho do norte em 2 de agosto de 1990, sob a alegação de que este país extraía petróleo em áreas do território iraquiano. Conduzida, a partir do ataque de 17 de janeiro de 1991, por uma aliança de 32 países, essa campanha militar foi liderada pelos Estados Unidos sob a presidência de George Bush, pai de George W. Bush.

Maior consumidor de petróleo iraquiano, fornecedor de tecnologia ao governo de Saddam Hussein que apoiou na guerra entre o Irã e o Iraque entre 1980 e 1988, os Estados Unidos conduziram uma campanha que pretendia restabelecer a autonomia kuwaitiana afetada pela anexação deste país ao Iraque sob a alegação de Saddam de que aquela era uma "província iraquiana".

Com a intervenção, a Organização das Nações Unidas (ONU), por proposta americana, estabeleceu um bloqueio econômico e militar que perdurou ao longo de todos os anos finais do século XX e adentrou o novo milênio provocando, segundo dados da ONU, a morte de mais de um milhão de iraquianos, em sua maioria crianças, por falta de medicamentos e alimentos, além de queda na renda per capita no país de 3.000 dólares para 700 dólares anuais, entre 1990 e 1998.

Ataques de mísseis contra o Iraque a partir de 1998, durante o governo de Bill Clinton e do britânico Tony Blair, ampliaram o nível de instabilidade no país. Com George Bush e os atentados de 11 de setembro de 2001 em Nova York, o governo de Saddam Hussein passou a ser acusado pelos americanos de integrar um hipotético "eixo do mal" integrado também pela Coréia do Norte e pelo Irã, base de apoio a ações terroristas em todo o mundo e de possuidores de armas de destruição em massa, químicas e bacteriológicas.

Apesar dos desmentidos do ditador Saddam Hussein — desmoralizado pelo seu sangüinário e corrupto regime, e da negativa de sua existência pelos inspetores de armas enviados pela ONU ao país —, a crise com os Estados Unidos e a Grã-Bretanha se acentuou ainda mais com a opção feita pelo governo iraquiano de vincular ao euro toda a venda de seu petróleo. Com esta decisão iniciou-se um movimento macroeconômico que tendia a contaminar, segundo os analistas econômicos, todos os demais integrantes da Organização dos Países Produtores de Petróleo, a OPEP, e, com isso, ferir de morte a posição do dólar norte-americano na condição de moeda-padrão para transações do comércio internacional.

A crise cresceu rapidamente e acabou por desencadear um ataque militar de 20 de março de 2003, iniciado às 3h35 de uma data astrologicamente significativa. Era o dia da mudança de regência solar de Peixes para Áries, signo regido por Marte, deus da guerra e do militarismo, quando tropas norte-americanas e britânicas despejaram sobre território iraquiano as primeiras bombas "inteligentes" de uma guerra com desfecho anunciado: o fim da era de terror do regime de Saddam Hussein em dias de confronto entre a tecnologia aquariana com o atraso militar pisciano da lamentável ditadura árabe na antiga Mesopotâmia.

Historicamente, os Estados Unidos cumpriam seu papel de agente da mudança, a "espada de Aquário", instrumento astrológico para marcar uma nova fase em um mundo no qual a nação do norte assumiu o papel de impulsionadora de reformas e mudanças da cúspide das Eras de Peixes para Aquário.

Símbolo máximo do capitalismo, sistema econômico que, neste início da nova Era, já enfrenta suas maiores contradições e dá sinais de esgotamento nas suas propostas e princípios, a atuação internacional dos Estados Unidos tem sido marcada pela presença e interferência em conflitos que se seguem com pequenas interrupções, desde a Guerra da Independência contra os ingleses. E esta parceria econômica e militar se dá exatamente com o país considerado "pai" das treze colônias que se tornaram independentes em 1776, formando os Estados Unidos. O vínculo entre "pai" e "filho" tem clara evocação do símbolo da influência de Plutão no mapa americano de hoje e liga nações surgidas do mesmo tronco.

Em seus pouco mais de dois séculos de nação independente, os Estados Unidos intervieram militar e politicamente em Cuba, México, República Dominicana, Panamá, Vietnã, Coréia, Alemanha, Japão e outros países, além de sustentar ações armadas na Europa Central, no Irã, no Chile, na Colômbia, na Bolívia, em todo o continente africano, especialmente em Angola, e no Oriente Médio, no conflito entre israelenses e seus vizinhos árabes. Sustentavam regimes semifeudais, monarquias sangüinárias ou ditaduras ainda mais tenebrosas como foi a de Saddam Hussein, velho aliado americano convertido à condição de inimigo dos Estados Unidos e "satanizado" pelo governo republicano de direita ultraconservadora de George W. Bush.

A presença militar americana no Extremo Oriente, com soldados na zona do armistício entre as duas Coréias e na Alemanha, até a unificação do país, foram fatores de prolongamento da era conhecida por "Guerra Fria" entre as então nações do bloco soviético, comunistas, e o Ocidente, capitalista, prolongando o latente estado de guerra da mudança de Era até o início da influência de Aquário.

Desembainhada, a espada de Aquário, simbolizada por um país hegemônico como o foram Roma e os impérios mesopotâmicos, representa neste início do terceiro milênio e primeiras décadas da regência da Nova Era, a força dissuasória do poder da matéria sobre o espírito decadente de Peixes.

E isso se fez de forma incontestável até que um grupo fundamentalista de "mártires do Islã" atacou o coração dos EUA, atingindo de forma brutal e irracional as torres gêmeas do World Trade Center em 11 de setembro de 2001. A lógica da guerra por território ou a luta por fatores econômicos foi invertida e trouxe ao cenário do confronto de velhas estruturas institucionais fundadas nos conceitos de "nação soberana organizada", "civilização" e respeito à "ordem internacional", um novo processo de confronto que envolve uma estrutura antiga contra um inimigo invisível, sem rosto, sem território, sem fronteiras e livre das amarras de leis de guerra e princípios de humanitarismo em conflitos.

Um grupo de fanáticos religiosos decretou contra a mais importante e poderosa das nações da história da humanidade, a sua Gihad, guerra santa entre o Islamismo e o Cristianismo, expressão das dores do parto da mudança de uma Era voltada à religiosidade a outra, de maior racionalismo e equilíbrio. O que se iniciara de forma tímida no Vietnã, com a ação anticonvencional dos vietcongues contra o exército regular dos próprios norte-americanos, ganhou status de forma aquariana de contestação e luta.

Nesse processo, a ação norte-americana no Golfo Pérsico antecipa de forma acelerada, em termos históricos, o fim de uma Era de domínio nacional, de evidente poder e controle de áreas limitadas pelos conceitos de nacionalismo, fronteiras, nações organizadas e patriotismo. Iniciou-se, então, a substituição do domínio dos Estados nacionais sucessores históricos dos antigos impérios da Era de Áries, por outro, bem mais avançado, onde fronteiras nacionais desaparecerão, blocos regionais fundados em economia e bases étnicas vão substituir os atuais países e ocupar no planeta o papel hoje desempenhado pelos países.

Curiosamente, o desafio feito pelos Estados Unidos e pela Grã-Bretanha à Organização das Nações Unidas, com a intervenção armada direta no Oriente Médio iniciada em 2003, sem a chancela do organismo mundial e contra os votos do seu Conselho de Segurança, mais que representar o fim daquele organismo internacional que reúne a quase totalidade das nações do mundo, ampliará ainda mais a importância e a significação da ONU.

A desaprovação quase que universal aos atos de guerra da superpotência da América do Norte irá mostrar a essencialidade de chancela da ONU para quaisquer intervenções externas futuras, e deriva da unânime condenação das então chamadas teorias da "intervenção preventiva" feita à revelia das leis internacionais e em meio à desaprovação interna e externa a uma política que trará aos Estados Unidos conseqüências ainda mais graves que os efeitos dos ataques às torres do World Trade Center.

O mapa natal dos Estados Unidos, calculado a partir de dados que colocam a nação do Norte nascida às 10h30 de 4 de julho de 1776, na cidade de Filadélfia, hora mais provável de aprovação pelas treze colônias inglesas rebeladas contra o Rei George é bastante sugestivo sobre o país e seu futuro. A Declaração de Independência mostra os Estados em fase de conflito e problemas, dificuldades e riscos e, mais que isso, antecipa um quadro típico do declínio de uma civilização e de um sistema econômico que se engolfa nos últimos arroubos de domínio e o isola de forma tão evidente que prenuncia o fim da hegemonia americana e ocidental e as turbulências de uma fase de mudanças nesse processo que consolida a chegada de Aquário e dá fim, com o seu traumático nascimento, aos princípios que governaram a Era de Peixes.

A santa guerra em terra yankee

O ataque terrorista às torres gêmeas do World Trade Center e ao Pentágono feriram o orgulho americano de forma letal e refletem de modo bem claro as previsões do mapa astral dos Estados Unidos, um país nativo de Câncer vivendo duramente uma época que se iniciou sob a regência de Marte em 2001, quando o planeta da guerra e do confronto atuava sobre as suas Casas 10 e 5, as que tratam, no Zodíaco, do destino material, da capacidade em produzir bens e recursos e governam as relações com os seus próprios filhos.

No dia 11 de setembro de 2001, uma terça-feira, curiosamente também o dia da semana governado por Marte, deus da guerra, a Lua transitava de Gêmeos para Câncer, e estava fora de curso na manhã de bom tempo no fim do verão em Nova York e de dramáticas imagens com a queda de símbolos importantes para o mundo norte-americano.

No mapa dos Estados Unidos para aquela data, o regente do país, Câncer, mostrava o trânsito de Júpiter pela parte inferior do seu 11° grau e alguns aspectos se ressaltavam claros e preocupantes nos estudos de posições estelares do país.

A HISTÓRIA REINTERPRETADA PELA ASTROLOGIA

Os trânsitos planetários do período após o "Independence Day" americano, após o 4 de julho de 2001, mostram uma fase complicada com quatro aspectos muito fortes de problemas. O Sol mantinha uma quadratura com Urano e fazia prever para os Estados Unidos um momento de tensão e imprevisibilidade, num indicativo de rupturas bruscas e inadequadas ao *american way of life*. Outra quadratura envolvia o Sol e Marte e mostrava que aquele país viveria uma fase de desgaste excessivo de energia sob a arrogância marciana de um quadro que iria levar o país à agressividade. Um outro aspecto se destaca no mapa americano daquela ocasião: uma oposição de Marte com Júpiter levava a um quadro de obstinação que derivaria em julgamentos impulsivos e posições injustas diante de agressões. Por fim, uma quadratura de Mercúrio e Plutão revelava descontrole e impulsividade, dispersividade e desorganização e falta de moderação nas reações e no embate diante de opositores. (Veja nas páginas 148 e 149, respectivamente, o mapa natal e o mapa da revolução solar dos EUA a partir de 4.7.2001.)

Todo este quadro — além de mostrar uma posição astral momentânea de fragilidade, durante o período em que a Lua estava fora de curso, saindo de Gêmeos e antes de atingir Câncer — revelava em 11 de setembro de 2001 uma posição debilitada e de extrema fragilidade, pressupostos de reações posteriores de forte agressividade para o país. E isso ficou evidente nas reações ao fato de que, pela primeira vez em sua história, o território nacional norte-americano se tornava alvo real de seus opositores, terroristas *muhajedins*. Facilmente poderia se prever um quadro de guerra.

O mapa astral dos Estados Unidos em 2003 e 2004 registra, por seu lado, os mais evidentes indicativos de declínio de poder representado em Câncer pelo útero materno, fonte de vida e sustentação primária da existência humana. E isso começou de forma prática com a queda do WTC em 2001, quando Câncer estava na Casa 11, morada das relações com os amigos, e após o mês de março, quando Marte passou a reger aquele ano.

O trânsito mercuriano no mapa dos Estados Unidos nos levou aos primeiros sintomas de crises internas com a estrutura constitucional do país. O Sol em 2001 regia as costas e o coração. E isso, quando a análise está voltada para um país, refere-se a sua gente, seu próprio território, e sua atuação com fatores externos sobre as casas que governam a sua posição no mundo, sua postura diante de outras nações e seu bem-estar interno.

O ataque terrorista visou exatamente tais elementos, o prestígio e o bem-estar dos norte-americanos, atingindo os Estados Unidos "pelas costas" com o uso de seus próprios aviões que partiram de aeroportos em Boston e na Costa Leste, atingindo-o no próprio "coração", Nova York, seguramente o centro vital da economia e do prestígio internacional daquele país.

No exato momento do ataque terrorista, o mapa natal dos EUA indicava problemas com seus próprios filhos motivados pela posição do Sol na Casa 10, onde também se encontra Marte em duplo aspecto que acentuava dificuldades internas e obstáculos de toda ordem.

Ao mesmo tempo, o período astral que se alongou até 4 de julho de 2002 revelava que os Estados Unidos iriam sofrer profundas mudanças em sua economia, no centro cerebral de seus negócios, na forma de reagir aos desafios e, mercê da influência de Saturno transitando em sua Casa 9, mudanças em um processo de evolução do autoconhecimento em seus aspectos mais negativos e sombrios.

O pior do futuro está por vir

A reação americana de indignação nacional e orgulho ferido, típicos elementos do signo de Câncer, teve à época do ataque terrorista reforço claro no mapa dos trânsitos planetários dos

Estados Unidos até outubro de 2001. O país viveu nos primeiros meses depois de 11 de setembro daquele ano uma fase de condenação unânime e geral aos atos terroristas e de apoio às ações que, em seguida, foram deflagradas como retaliação no interior do país, com a quebra dos mais sagrados direitos preservados pelos norte-americanos, as liberdades civis, cerceadas em situações que se tornaram rotineiras, até a intervenção armada no Afeganistão e a crise com o Iraque.

Tal processo ficou ainda mais claro quando uma conjunção envolvendo Mercúrio e Saturno apontou caminhos extremamente perigosos nessas ações de retaliação americana. Esta posição mostra que é essencial quando ocorre a realização de uma autocrítica para que se obtenha segurança nos atos a se praticar. E Urano, tensionado pelo Sol em quadratura, mostrava que não haveria por parte das lideranças americanas esse cuidado e moderação. Era outro dos efeitos danosos dos atos de represália — a mudança de ânimo dos próprios filhos da nação que se voltariam no futuro contra seus dirigentes.

Esta parte das previsões do mapa daquele período mostra desdobramentos alongados da influência de Vênus em sextil com o Sol no 11 de setembro, padrão para mudanças no relacionamento interno entre os americanos e raízes de uma danosa e irrecuperável ruptura constitucional.

Marte leva à agressividade e à impulsividade quando posicionado em ângulo de 90 graus com o Sol. E os Estados Unidos tinham naquela época essa previsão em seu mapa. A impaciência faria aquela nação agir por meios e atos errados, trilhando caminhos fora de controle e distantes do que a lei internacional permitia.

Na soma desses aspectos e posições, como raiz da maior crise da cúspide de Aquário, está a conseqüência maior de tudo isso: o Sol em trígono com Plutão em 2001 apontava para mudanças e transformações do mundo e nos Estados Unidos em

MAX KLIM

Mapa Natal dos Estados Unidos*

Estados Unidos da América
4.7.1776 10:30:00
05w00 39n57 075w10
Filadélfia, Estados Unidos

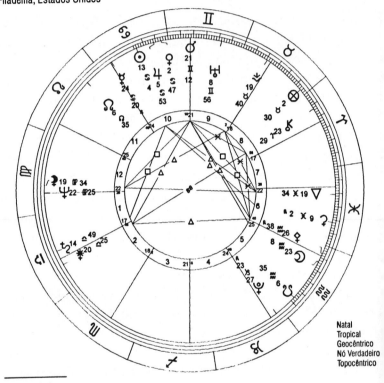

Natal
Tropical
Geocêntrico
Nó Verdadeiro
Topocêntrico

---

* **Metodologia:**
Neste estudo dos mapas natal e da revolução solar foram considerados os seguintes dados para efeito de cálculos:
País: Estados Unidos da América
Fundação: 4 de julho de 1776
Horário local: 10h30
Local: Filadélfia — Pensilvânia
Longitude: 077W00
Latitude: 38N55
Fuso horário: 8h00
Mapa natal: 4 de julho de 1776 — 10h30
Signo solar: Câncer
Ascendente: Sagitário
Signo lunar: Aquário

A HISTÓRIA REINTERPRETADA PELA ASTROLOGIA

Mapa da revolução solar dos Estados Unidos a partir de 4.7.2001

Estados Unidos da América
4.7.2001 19:13:02
05w00 39n57 075w10
Filadélfia, Estados Unidos

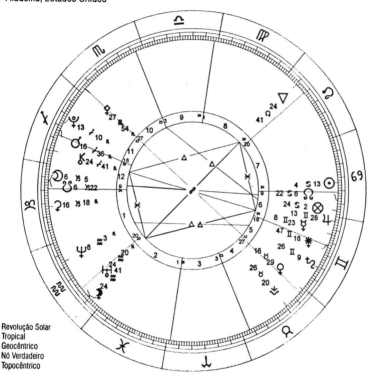

Revolução Solar
Tropical
Geocêntrico
Nó Verdadeiro
Topocêntrico

razão do uso do poder pela potência hegemônica da época. Dificuldades na comunicação de seus atos, falta de sensibilidade ao avaliar o sentido de nacionalismo exacerbado de seu povo em momento de crise e mudanças, além da incerteza na manifestação real da vontade popular, somadas à dificuldade de se tomar decisões definitivas — uma evidente postura presidencial americana sob George W. Bush —, revelaram naquele primeiro momento, ação e reação, numa forma de mudança brusca, violenta e brutal que, no passar dos anos, acabaria por levar os norte-americanos a se insurgirem contra o que foi feito.

Daí em diante, os Estados Unidos, mercê de seu mapa astral dos anos que se seguiram ao ataque ao World Trade Center, consolidaram os elementos de uma crise institucional que afeta diretamente sua própria estrutura constitucional, um dos símbolos mais importantes da estabilidade americana.

Todos esses aspectos e fatos, hoje parte da história contemporânea do mundo, apontam para um quadro no qual os Estados Unidos, sem dúvida a ponta mais avançada desse *iceberg* chamado globalização, estão passando pelos estertores da mudança da Era de Peixes — a Era do confronto entre o espírito e a matéria — para a Era de Aquário, a Era do avanço e da conquista, da harmonia.

O governo americano — símbolo e ícone do poderio econômico e militar e dos maiores avanços da civilização nos dois últimos milênios —, preso ao seu presente, movido por impressões equivocadas, não se deu conta dos efeitos das mudanças que se operam na chamada "ordem mundial" nos primeiros anos do novo século, neste terceiro milênio.

Os Estados Unidos e o mundo vão ser afetados por essas mudanças de uma forma que só mesmo Marte — o regente do ano em que se disparou o processo e das datas mais significativas nessa mudança — poderia fazer: de maneira brutal, súbita e violenta.

O futuro antecipado

Astrologicamente — a partir do mapa de trânsitos planetários calculados com a data da intervenção armada no Iraque, considerada a data-base para os desdobramentos das mudanças de rumos na vida dos Estados Unidos —, percebe-se uma exagerada presença e a influência crescente de Plutão que, desde 1995, caminha por Sagitário e gera aspectos maléficos para governo e povo norte-americanos.

Por sua característica de planeta dos impulsos destruidores, das reformas, da fusão e da transformação, Plutão gera, em situações como as vividas pelos Estados Unidos nesta fase, instabilidade, agressividade, descontrole e poder destrutivo, características de uma "casa de finalização", o que indica uma época de conclusão e o fecho de um ciclo na sua evolução astrológica.

Essa mesma presença de Plutão em Sagitário se faz destacando sua localização na base emocional, o próprio lar, vale dizer a partir do próprio território nacional dos Estados Unidos.

Na História, a intervenção no Oriente Médio, com a guerra levada ao Iraque — a histórica Mesopotâmia dos sumérios, acádios e caldeus, dos rios Tigre e Eufrates —, se fez sobre outro dos símbolos da Era de Aquário, o país que os britânicos denominaram Iraque na sua criação no século passado. Herdeiro de uma das mais importantes vertentes astrológicas, a dos inventores do Zodíaco e da chamada "astrologia ocidental", o Iraque concentra uma frágil e conflituosa fusão de três grupos distintos de povos da mesma religião muçulmana: os árabes xiitas, os árabes sunitas e os curdos não-árabes.

Criado em 1920 por decisão da Liga das Nações com o fim do império turco-otomano e colocado sob protetorado britânico, o Iraque do início da guerra mostrava população predominantemente islâmica com três grupos étnicos dominantes: os xiitas (62% da população) ao sul, os sunitas (35%) no centro e os curdos ao norte. O total populacional era de mais de 20 milhões de habitantes e a segunda maior reserva de petróleo do mundo, fator de instabilidade permanente entre o país e suas próprias antigas províncias e seus vizinhos, o Kuwait, a Síria, o Irã e a Turquia.

Governado desde 16 de julho de 1979 pelo sunita Saddam Hussein, o Iraque tinha um tipo de governo bem próprio das nações árabes ou muçulmanas vizinhas: o férreo domínio pelo medo, pelo terror e pelo obscurantismo, numa expressão clara do poder que vigorou por todo o mundo durante a Era de Peixes.

Os mapas de revolução solar e de trânsitos dos Estados Unidos, na condição de principal personagem dessa mudança de Era, apontam posições que comprovam, a partir dos movimentos feitos após a crise dos ataques ao World Trade Center e a intervenção armada no Oriente Médio, essa condição de ascensão e queda na cúspide da Era de Aquário.

Calculado com base nos dados históricos de hora e data da Declaração da Independência americana, às 10h30 de 4 de julho de 1776, na Filadélfia e projetando seus efeitos para o período que se seguiu ao início dos ataques ao Iraque e se alongam por boa parte da primeira década deste século XXI.

A seguir os aspectos e as posições planetárias mais significativas:

Sol na Casa 12

Esta posição do Sol transitando pela Casa das conclusões, das forças e das fraquezas, revela uma fase em que autodestruição, inimigos, obstáculos, tristeza e sofrimentos assumem posição mais visível e são ampliados, nos meses que se seguiram aos ataques no Oriente Médio. Tal fator ganha destaque porque os demais aspectos do mapa americano apontam fatores negativos, especialmente os gerados pelos planetas lentos.

Lua na Casa 2

Este trânsito da Lua, também ligado à mesma fase, refere-se a problemas e instabilidade nos assuntos das finanças e da economia em caráter nacional, afetando de forma direta o acúmulo da riqueza nacional americana e regendo tudo o que diz respeito aos bens e recursos nacionais. Em 2003, o déficit orçamentário e de conta corrente dos Estados Unidos atingiu seu ponto máximo na recente história econômica do país.

Marte na Casa 8

O trânsito do planeta da guerra pela Casa da regeneração recomenda que a política nacional americana e as relações com o exterior devem se pautar pelo cuidado com os excessos de qualquer espécie, especialmente aqueles praticados pelos seus dirigentes, capazes de resvalar para o perigoso mundo do conflito sem fim, a degeneração e a morte.

Saturno na Casa 11

O planeta da ambição navega pelos caminhos das relações internacionais, das amizades e inimizades e dos relacionamentos não-emocionais. É a fase em que os Estados Unidos enfrentam e ainda enfrentarão muitos obstáculos para alcançar os objetivos propostos pela sua elite dirigente e, ainda assim, isso só se conseguirá, em parte, pela conduta daquela nação a uma posição reservada em termos diplomáticos.

Urano na Casa 8

O planeta da revolução e dos ditadores estava situado na Casa das relações, o que ficou evidenciado por alterações no círculo de relações por afastamento de uma das partes e pelo aparecimento de obstáculos expressivos em finanças e bens materiais.

Netuno na Casa 7

Esta posição ficou destacada nos meses que se seguiram à decisão americana e britânica de invadir o Iraque. Ficou comprovado que as relações mais próximas dos Estados Unidos com nações que antes eram suas aliadas não entraram em harmonia, passando por fase de dificuldades intensas.

Plutão na Casa 5

Este trânsito do planeta da mudança aponta para a fase em que o conceito internacional dos Estados Unidos e sua autoestima interna passam por transformações profundas, mudando todo um quadro que mostrava a presença internacional da "potência benevolente" se tornando a "potência agressora", trazendo arrogância, irracionalidade, agressividade e a manipulação.

Lua em Virgem

O trânsito de nosso satélite por Virgem, logo após a materialização da invasão do Iraque, era um indicativo de que os atos americanos deveriam ter se pautado, à época, na moderação para que alcançassem sucesso. Ao contrário disso, o exagero, a manipulação da opinião pública e de fatos a respeito do combate ao terrorismo e das razões da intervenção direta no Oriente Médio seriam fadadas ao insucesso pelos seus desdobramentos negativos, embora se obtivesse êxito momentâneo como o de ganhar batalhas e perder a guerra final.

Meio do Céu em Áries

Nos meses que se seguiram ao conflito no Golfo Pérsico em 2003 a posição do Meio do Céu, ou a Casa 10, em Áries, mostra que a forma com que o mundo vê os Estados Unidos como nação muda para um caráter guerreiro, agressivo, tempestuoso, precipitado e pouco confiável, alterando toda uma história construída na afirmação nacional estadunidense.

Pode-se destacar dois aspectos formados pela posição relativa dos planetas no mapa dos Estados Unidos nessa fase da mudança de rumos da Era de Aquário e que envolvem os Estados Unidos nesta primeira década do século XXI. No primeiro aspecto, formado por Vênus em conjunção com Saturno — dois planetas importantes no mapa norte-americano —, fica evidente que a fase vivida pelo país é repleta de tensão que surgirá da falta de apoio internacional aos próprios atos e criará um novo ciclo da forma com que o país molda suas alianças e seu círculo mais próximo de relações, tanto no campo militar quanto na vida econômica da nação.

O outro aspecto se refere a Marte em conjunção com Urano, que aponta para surpresas indesejáveis e acontecimentos marcantes trazidos pela energia contida nesses planetas. Este aspecto, pela sua significação, diz que serão exigidas grandes persistência e vontade de prosseguir dos Estados Unidos numa política externa que mostra resultados internos danosos em pouco tempo. O nível de contestação aos atos governamentais será crescente dentro do próprio país.

Este aspecto é reforçado de forma notável pela posição, a partir de 2004, da Lua transitando pela Casa 4 do mapa dos Estados Unidos, um indicativo de que, internamente, o país verá em parte expressiva de sua população e nas relações da sociedade norte-americana profundas mudanças, alterando de forma inédita na história daquele país as relações sociais e do povo com seu governo.

E tudo isso ganhará ainda maior força pela passagem de Marte pela Casa 10 ou o Meio do Céu, a Casa da autoridade, da honra, da reputação e da forma com que o mundo nos vê. Este aspecto evidencia-se por uma fase marcada por obstáculos de toda ordem e isso é complemento de outra posição importante em 2004, e que mostra a passagem de Urano pela Casa 5, fator de destaque para o inusitado e o imprevisto que povoam as relações dos Estados Unidos com outros países, trazendo problemas ao conceito e à posição do país na ONU e no mundo.

O posicionamento de Plutão — planeta das transformações — na Casa 3 é o indicativo de que no campo das relações internacionais e da forma com que os Estados Unidos se relacionam com as outras nações ocorrem mudanças e definições e não será estranho que o país busque novas direções para sua atuação externa.

O Sol em conjunção com Saturno é também aspecto importante do período e indica que os Estados Unidos têm que conviver, desde os meses que se seguiram à intervenção no Oriente Médio, com um quadro de relações povoadas por preocupações e pela tendência ao isolamento. Na análise da vida norte-americana, vale destacar uma conjunção envolvendo Mercúrio e Marte que revela, como conseqüência a atos impulsivos e seus erros, que estará sendo gerado um quadro de muitos conflitos e grandes aborrecimentos.

Para que se possa avaliar com detalhes as posições existentes no mapa dos Estados Unidos no período que se segue à intervenção armada no Oriente Médio em 2003, estes são os trânsitos mais significativos dessa fase:

Saturno em conjunção com Marte

Momento de muito trabalho e muitas divergências. Para aliviar a tensão dessa fase é essencial que muitas tarefas não sejam realizadas ao mesmo tempo. Caso contrário, haverá forte nervosismo e reações de descontrole.

Saturno em quadratura com Netuno

Há, com este aspecto, uma acentuada sensação de confusão coexistindo com momentos de muita dúvida e grande pessimismo.

Saturno em quadratura com Ascendente

Momentos em que os relacionamentos nacionais do país serão submetidos a testes e provas e, com isso, alguns deles serão anulados. Este aspecto mostra bem os resultados da formação da coalizão de guerra contra o Iraque, quando os Estados Unidos, acreditando que certas relações lhe eram prejudiciais, seguiram sozinhos o caminho recomendado pelo aspecto, sem medo ou remorso. Mas aqui também prevaleceu outro indicativo da influência do aspecto: o país não evitou o isolamento excessivo.

Plutão em oposição com Meio do Céu

Durante esta fase, os Estados Unidos poderão superar antigas frustrações. Mas, para tanto, será necessária uma reavaliação e a reestruturação da vida americana, pois as perdas materiais com a ação militar no exterior e gastos de guerra serão enaltecidas. E a isso se somam dois outros fatores importantes: as separações nas famílias comuns dos americanos e a morte de cidadãos dos Estados Unidos em território externo e no próprio país. Isso forçará as elites americanas a aceitarem as mudanças.

Plutão em oposição com Marte

A autoconfiança americana poderá ser testada. Este trânsito sugere a chegada, nestes anos que se seguem às ações externas de agressividade e militarismo conquistador norte-americano, de momentos favoráveis a que aquela nação supere o sentimento de raiva ou mágoa. Este aspecto, habitualmente, tem implicações sobre os negócios ou as situações de risco que devem ser evitadas e também refere-se a ações impacientes e por impulso tomadas pelo governo do país ao qual faltam calma e bom senso.

Urano em trígono com Vênus

Algumas mudanças nos relacionamentos permitirão uma sensação de maior liberdade. Para tanto, é importante obter a compreensão dos parceiros de seu projeto nacional. O surgimento de uma nova relação externa, mais próxima, não está descartado. Porém, ela poderá não ser muito duradoura. As mudanças impostas por esse trânsito precisam ser aceitas. Dessa forma, futuros problemas poderão ser evitados.

Netuno em trígono com Saturno

As dúvidas poderão tornar esse período um pouco confuso. Os Estados Unidos podem optar em abrir mão dos seus ideais ou de alguma parte material. Porém, o cuidado redobrado com as suas escolhas poderá lhe mostrar o caminho certo.

Júpiter em sextil com Saturno

O país necessita distinguir correta e prontamente os trabalhos que são necessários dos que não são. Deve ser evitada a indecisão e é essencial que o país se mantenha cauteloso, aproveitando para expandir seus pensamentos, seus valores e seus princípios políticos e éticos, sempre mantendo a calma.

Saturno em conjunção com Vênus

Poderá ocorrer o rompimento de uma relação pouco estruturada. Será hora de rever seus valores pessoais e curtir o início de novos relacionamentos externos, possivelmente duradouros.

Júpiter em sextil com Marte

Bom período para impulsionar os projetos aproveitando as boas oportunidades. Neste caso, o sucesso será completo se o país conseguir ser mais paciente com as nações e com outros povos, evitando a radicalização.

Saturno em conjunção com Sol

Manter a concentração será muito importante nesta fase. Tanto o sucesso quanto o fracasso poderão reinar nas ações do país no exterior e em relação ao seu próprio povo. A paciência será muito importante para que não ocorram esses fracassos. Também não será uma boa ocasião para iniciar novos projetos.

Júpiter em quadratura com Urano

Cuidado com a impaciência gerada pela sensação de restrição à sua liberdade. Calma.

Plutão em quadratura com Netuno

É hora de superar antigos traumas internos do país e as frustrações de seus dirigentes.

Plutão em quadratura com Ascendente

Ocorrerão transformações na forma de os Estados Unidos se relacionarem com as demais nações. Haverá rompimento de algumas relações com o propósito de dar lugar a outras mais construtivas. Mas os norte-americanos deverão agir com mais cuidado para não se verem manipulados ou manipular povos e estados estrangeiros. É fase propícia à superação de complexos.

Plutão em sextil com Lua

Os Estados Unidos, mercê de seus atos de 2001 e 2003, poderão conhecer aspectos ocultos da sua personalidade e ser mais criativos nos relacionamentos tanto internos quanto externos. A recomendação deste aspecto alerta para a não-radicalização de atitudes no trato internacional.

Urano em trígono com Júpiter

As ambições poderão ser acentuadas durante este trânsito. Novos interesses poderão ampliar a visão externa dos Estados Unidos e modificar a sua rotina. O envolvimento com grupos oferecerá a chance de aprender e ensinar. Este trânsito indica mudanças que poderão tornar a vida do povo norte-americano mais tranqüila e compensadora.

Saturno em conjunção com Mercúrio

O país passará agora a ver as suas relações externas e sua posição no mundo de forma muito mais séria, obtendo assim uma ampla visão das coisas que o cercam. Os Estados Unidos renovarão suas idéias e opiniões, assim como sua maneira de se expressar.

Júpiter em trígono com Plutão

O país deve evitar sempre promover mudanças por motivos egoístas, considerando os interesses dos demais.

Júpiter em quadratura com Vênus

O crescimento interior marcará esta fase e o desejo de transmitir isso aos outros será intenso. Mas evite tomar decisões precipitadas.

A fragilidade gerada pelas posições planetárias nos mapas dos Estados Unidos expressa um sintoma claro da fase de mudança de Eras. O país, como instrumento dessas mudanças, torna-se alvo das mais diferentes reações e, pela análise conseqüente dos trânsitos, pode-se prever que haverá a partir de 2003 uma ação não-convencional mais clara e freqüente de insubmissão ao poderio americano. Atos de insanidade como o ataque às torres gêmeas do World Trade Center se tornarão caminho comum para os contestadores do poder norte-americano e farão parte do processo de dissolução de seu poderio econômico e militar.

Estes anos serão repletos de problemas, dificuldades e sobressaltos, típicos da época de mudanças e anunciadores de que soluções novas estarão a caminho para patentear a chegada plena da Nova Era.

Capítulo 4

Um novo tempo

Aquário, o décimo primeiro signo do Zodíaco, simboliza na astrologia o servidor da humanidade e é representado graficamente pela figura do Aguadeiro que despeja água de um jarro sobre a terra. Nessa simbologia, o signo revela que a sede de conhecimento da espécie humana é satisfeita pelos princípios aquarianos de jovialidade, vibração, sensibilidade e inventividade, que se somam aos avanços na espiritualidade, no idealismo, nos relacionamentos humanos e na conquista do desenvolvimento espiritual e físico.

Esses elementos é que fazem de Aquário a Era do progresso e do abandono de todas as mazelas que caracterizaram o ser humano ao longo de milênios. O período encerra ao mesmo tempo a certeza do aprimoramento intelectual em seu ponto máximo e a promessa da igualdade, em uma projeção dos avanços que já estamos experimentando neste primeiro período de regência do signo da Nova Era.

Situado no Zodíaco entre os graus 300 e 330, Aquário é do elemento ar, tem qualidade fixa e é da trindade servidora. Regido duplamente por Urano e Saturno, tem como seu oposto o signo de Leão. No hemisfério Norte, ele indica o ponto máximo do inverno e antecipa a explosão de vida na primavera. No hemisfério Sul, vincula-se ao calor do verão e precede a chegada do outono. Nessas duas partes do planeta, mostra a preparação para as mudanças, pois Aquário é o elo entre o inverno e a primavera ou entre o verão e o outono.

É um signo que revela antecipação, mudança, melhora e conquista de novos métodos de vida, princípios morais mais elevados, avanços em todas as esferas de interesse humano, tecnologia ampliada e domínio do conhecimento. Sob Aquário, a ética e a moral ganham nova expressão, bem como se reduzem as diferenças entre os homens.

As figuras exponenciais entre os aquarianos já antecipam esse caráter típico do signo. Entre elas tivemos Charles Darwin, cientista e autor da teoria da evolução das espécies e que nos legou uma das mais expressivas obras sobre o próprio ser humano; Thomas Edison, o mais importante inventor americano, responsável pelo legado de mais de 1.300 patentes; a figura notável de Abraham Lincoln, o presidente que deu aos Estados Unidos a abolição da escravatura e exemplos de dignidade, conhecimento e antecipação do futuro inigualáveis; o físico e astrônomo italiano Galileu Galilei, descobridor de corpos celestes, que desafiou o poder da Igreja ao defender o sistema heliocêntrico. Esses entre tantos outros que se posicionaram adiante de seu próprio tempo e assumiram postura de avanço em concepções e teses.

Como o próprio signo de Aquário representa na astrologia tradicional a inteligência livre, o progresso do ser humano, a vibração, o caráter inventivo, a antecipação e o idealismo, tais elementos se combinam com a influência de Urano, o planeta do progresso, da inteligência, da rebeldia e da aspiração pelo absoluto com sabedoria.

São esses elementos que dão à Era de Aquário um sentido de progresso intenso para a espécie humana. Há que se considerar também que a co-regência de Saturno gera para Aquário um caráter que o distingue por sua forte ligação com o futuro e o aprimoramento. Tal caráter é determinado pela qualidade fixa desse signo, também intelectual, idealista e do elemento ar. Esses taços surgem como a principal base de definição da Era que vivemos. E isso nos dá uma exemplificação prática da evolução da espécie, que se materializa num processo contínuo de avanços e conquistas, de idealismo e de inteligência a moldar um ser especial que vive pelo amanhã e se faz símbolo do conhecimento, sempre em progressão.

O caráter avançado e idealista de Aquário se reflete também em um comportamento individualista e independente e, com isso, faz prevalecer concepções e atitudes que nem sempre são aceitas com tranqüilidade pelas pessoas.

A Nova Era se revela avessa ao conservadorismo, nos dando um forte sentido de liberdade e uma necessidade quase compulsiva de expressarmos o que desejamos, o que sentimos e o que pensamos. Tais elementos colocam Aquário distante de velhas ligações tipicamente piscianas, aprofundando ainda mais o individualismo característico do signo.

Como conseqüência disso, o ser humano tem um estilo de vida diferente do que vinha mantendo até agora, mostrando originalidade e exotismo na forma de manifestar e reafirmar sua ânsia pela liberdade, condicionamento que já nos confere agora pensamentos diferentes e bem pouco convencionais.

Nesta fase, surge a diversidade de conceitos, valores e pensamentos, um traço bem específico do domínio aquariano. Isso mostra a inexistência de uniformidade de pensamento entre as pessoas, da mesma forma como acontece entre os próprios nativos do signo, tal a variedade de temperamentos que se encontra em Aquário.

Esta é uma das mais marcantes características desta fase que faz do ser humano tão livre quanto o justificam a própria necessidade de liberdade de ação, a visão esperançosa do futuro e a proposta de mudança em busca de um ideal ainda utópico de vida.

Nesta procura pela liberdade, como influência de um novo tempo e uma nova Era, as pessoas vão buscar o distanciamento dos velhos e ultrapassados vínculos que as prendiam e controlavam nas suas ações. E, exatamente por isso, muitos se mostram refratários ao casamento e aos compromissos muito longos, instituições que tendem a mudar de forma acentuada nas próximas décadas, absorvendo a humana ânsia pela liberdade.

Nesse processo e com tais transformações mais uma vez estão os critérios que norteiam o estilo de vida de Aquário, pelo qual se prefere sacrificar o amor a perder a independência, ainda que a humanidade mostre agora uma enorme facilidade de se apaixonar e amar.

O conceito se aplica indistintamente a áreas tão diferentes da vida quanto o são o casamento, o trabalho, o convívio social e tudo o que diz do cotidiano nesta fase da evolução da espécie.

Agora, com o crescimento da vida urbana e o distanciamento entre as pessoas, o conceito de relacionamento pessoal, a amizade, será totalmente alterado, vinculando-se à maior responsabilidade social e ao aprofundamento de laços de grupos e de comunidade.

Há no comportamento da Era de Aquário outro elemento que se liga de forma direta ao seu símbolo, o Aguadeiro despejando a água sobre o mundo. Na figura, é a dispersão de força e influência que transparece na imagem de um ser passando a outrem a essência da vida e lembrando que cabe a Aquário a tarefa de mudar o mundo, levando a uma época de prosperidade e de harmonização que a espécie humana não conheceu até agora.

Por ser um signo fixo, Aquário revela constância de opiniões, às quais as pessoas se prendem defendendo-as com vigor, e mostra a teimosia, uma de suas características que, nos primeiros tempos desta Era, despertará uma tendência ao radicalismo. Tais conceitos e avanços de concepções sociais e coletivas mudarão de forma acentuada todos os princípios que até agora valeram para os códigos de conduta do ser humano.

Aberto à aceitação da opinião alheia, o homem vai formar seus códigos de conduta também de forma muito mais aberta, mudando muito do que aprendeu até agora, até adaptar todo o conhecimento e vivência à nova realidade.

Em grupos organizados formalmente, as pessoas serão os dissidentes, os insubmissos, os rebeldes e os que criarão das teses que defendem e suas contradições, novas teorias, propostas de avanço e concepções inteiramente originais, provando, nessa contestação, a trajetória apresentada por Hegel para a humanidade. A teoria de que toda tese guarda em si as contradições que irão superá-la, criando a antítese e daí uma nova tese, é algo que revela por inteiro a trajetória mental e temperamental de Aquário, um tempo de permanente experimentação, mudança, erro e acerto.

Os homens e mulheres da Era de Aquário se mostram democráticos na avaliação que fazem dos outros. De temperamento bem simples, manifestam apego à natureza até na forma de se comportar socialmente. E, junto a isso, revelam maior facilidade no seu modo de se relacionar com as pessoas, sempre dispostos a ajudar quando se dão conta da necessidade alheia.

É por adotarem tal posição que as pessoas, de agora em diante, sonharão com um mundo ideal onde tudo se iguale e todas as aspirações de crescimento e valorização da humanidade se façam reais e palpáveis, comuns a todos os seres. Um mundo onde não haja desigualdade e fome, pobreza e necessidade.

Em razão de seu elevado nível de consciência social, as pessoas agora se aproximam dessa missão kármica de fazer de seu semelhante um ser melhor, tanto pelo aspecto material quanto intelectual. Nasce disso a ligação da Nova Era com os conceitos de afinidade, amizade e equilíbrio, que compõem o quadro de ideais nobres e amor fraternal que dominam o signo. Em muitos casos, esses ideais levarão as pessoas a se esquecerem de si para se darem inteiramente aos outros.

Mas esse doar-se em favor de alguém se faz com toda a racionalidade que cerca a ação intelectual do próprio Aquário. Não haverá mais generosidade por impulsos de piedade ou paixão, mas sim por convicção bem racional, algo que Aquário soma à perspicácia, à habilidade, à criatividade e à originalidade que prevalecem como características típicas dos novos tempos.

Isso torna a Era de Aquário uma fase de inquietação intelectual, gerando um não-conformismo com a situação que as pessoas enfrentam em seu dia-a-dia, mostrando sempre múltiplos interesses e uma boa dose de curiosidade que pode levá-las aos campos técnico e científico e a processos de criação ou de rotina que dizem de avanços na tecnologia e no conhecimento mais profundo.

A mudança não é de todo estranha, tantas são as variantes que cercam suas atividades. Um dos exemplos mais marcantes disso é a expansão da rede mundial de comunicação virtual, a Internet, com o uso do telefone e satélites e a globalização da informação, que ganharam foros de essencialidade nem sequer imaginados há apenas duas décadas.

A energia que vem da influência de Urano dá à Nova Era uma tendência muito forte à união entre as pessoas e os povos, permitindo a superação de barreiras que até agora limitavam o contato humano. Fronteiras e línguas, costumes e raças, distância e diferenças já não serão entraves a um mundo onde o conceito de globalização se fará mais social e menos econômico.

Começa a prevalecer entre as pessoas da Era de Aquário uma visão muito mais humanitária apesar de ser esse um signo do ar e, por isso, muito mais vinculado a ideais que à realidade terrena. O segredo dessa energia uraniana está exatamente no seu emprego de forma produtiva, útil, leal e honesta, o que serve para tornar Aquário a Era da conquista de avanços para a humanidade.

Esse desvinculamento de seu tempo faz com que Aquário se mostre uma Era muito mais aberta à aproximação de nações, não sendo difícil prever-se o fim das fronteiras geográficas, como já o antecipou a formação da Comunidade Européia — hoje praticamente uma só nação em termos de moeda, economia, leis e propósitos.

Os primeiros passos de unificação de países já começam a se esboçar entre as nações mais avançadas nos planos social e econômico. E, nos próximos dois séculos, a humanidade poderá viver a utopia de um governo mundial único e da quebra das barreiras de língua e raça.

A contestação dos princípios estabelecidos nas eras anteriores surgirá da necessidade de aproximação entre as pessoas e da busca típica de Aquário pela igualdade entre os homens e mulheres, e pela superação de aspectos considerados ultrapassados e intoleráveis. E isso se fará com a análise racional dos fatos e a busca de sua solução com empenho, determinação e objetividade.

Nesta Era, as pessoas vão poder chegar a um alheamento total da realidade vivida no período pisciano, posicionando-se inteiramente no seu ideal de vida. Assim, serão capazes de enfrentar as maiores vicissitudes e carências, superando-as apenas com força de vontade e sem se deixar abater, renovando permanentemente as esperanças de dias bem mais promissores para a espécie humana.

A Era de Aquário vai também revelar uma luta permanente pela defesa do fraco contra a opressão, como resultado do empenho coletivo na busca dos conceitos de igualdade e fraternidade.

São esses valores que transformarão as pessoas em agentes e defensores de uma nova ordem social e política. Envolvidas por esse ideal, elas serão motivadas a agir com princípios que até agora seriam interpretados como resultado de inconformismo e rebeldia diante da situação em que vive a maioria dos homens num mundo injusto e cruel.

Os costumes e a moral deixarão de ser barreiras que impedem o homem e a mulher da Era de Aquário de agir e pensar, pois a postura natural das pessoas será sempre racional e de maturidade. Para todos, estes novos tempos mostram o inconformismo natural de Aquário somado ao voluntarismo da juventude — os traços mais típicos e reveladores de nativos que terão agora os olhos postos em um mundo ideal, de sonhos e que concretiza as mais caras aspirações.

Na Era de Aquário, o entusiasmo com as conquistas e com a inteligência humana, alçada aos pontos mais altos da história da espécie, levará a humanidade a demonstrar genialidade no que pensa e faz. Os múltiplos talentos do signo farão das pessoas seres especiais que parecerão ter sempre um pé no presente e outro no futuro, expressando o que está por vir com forte capacidade de acerto nessa valoração dos fatos.

Nesta Nova Era, a idealização do que almeja a humanidade encontrará seu campo prático, com o abandono das concepções meramente teóricas da Era pisciana. Nela, as pessoas comuns vão colocar em prática sua imaginação elaborando um processo viável para o que pretendem em favor da sociedade. Será essa a forma natural e comum de comportamento social e coletivo.

Uma das características desta Nova Era é a valorização do sentimento de grupo e das amizades. Como acontece com os nativos de Aquário, o culto dos amigos vai se vincular muito mais a uma bandeira coletiva, a um ideal comum, a um projeto social ou a uma conquista de todos que a interesses pessoais. É a exemplificação da perda do sentido do egocentrismo que prevaleceu no mundo por milênios.

Haverá o prodígio de se combinar as mais loucas extravagâncias com um profundo senso prático, o que tornará realidade muitas das conquistas e avanços aquarianos, a princípio incompreensíveis à média das pessoas.

Isso se nota, por exemplo, na contestação que já se processa diante de costumes e hábitos que formaram nossos códigos de conduta e moral, de leis e normas. E sua maior expressão está no uso corrente de conceitos do que é "política e moralmente correto", uma soma de valores que surgiu com a chegada do Aguadeiro.

No campo pessoal, as pessoas vão se mostrar muito mais vaidosas e orgulhosas de sua condição humana e social, sem o exibicionismo inconseqüente do individualismo pisciano. E prevalecerá para todos o valor maior de "ser alguém" do que possuir alguma coisa, numa aplicação prática dos postulados da velha geração *hippie* dos meados do século XX.

E, mais que isso, as pessoas se mostrarão compreensivas e bem mais tolerantes, abertas aos avanços e pouco repressoras no julgamento da forma de agir dos que lhe são próximos. Os conceitos de comunidade serão assim ampliados ao grau máximo.

No campo do comportamento, a Era mostrará uma tendência de declínio da violência institucional e pessoal, embora esta venha a se manifestar nos momentos em que a intransigência do conservadorismo pisciano dificulte mudanças estruturais que se façam necessárias.

Uma das características determinantes de Aquário é a ação brusca e radical com que pretendemos alterar o mundo à nossa volta. E isso acontece mesmo com os processos em que a coletividade busca o isolamento como forma de estabelecer seu diferencial de vida. Esta, na verdade, é a Era da ambição pelo ser e da necessidade de afirmação do espírito humano.

A principal característica da nova Era é a conceituação social que leva Aquário a considerar que tudo o que é velho e ultrapassado deve ser substituído. Isso faz com que as relações pessoais nem sempre sejam das mais harmônicas e tranqüilas.

Muitas vezes, ocorrerão crises em torno desse desprezo pelo inservível e pelo passado, que Aquário contestará usando de toda a natureza emocional, profunda e muito complexa e que se contrapõe à aceitação plena e rápida do novo e do desconhecido.

As pessoas ainda presas ao passado de Peixes começam a mudar conceitos e valores, vinculadas que estão ao processo de integração à Era de Aquário. Isso se faz com alterações profundas em todas as concepções de ética, moral e comportamento, capazes de mudar, de forma muito acelerada e intensa, todos os valores importantes à vida humana. E esse processo provoca um inconformismo que vem desta fase de mutação, levando a humanidade a atingir graus bem mais altos na sua evolução.

Capítulo 5

A realidade já

Viver a Era de Aquário é uma realidade que já se apresenta, mas da qual poucos estão se dando conta. As mudanças iniciadas em 1789, na cúspide da Era, se consolidaram ao longo dos 180 anos que se passaram até a entrada da humanidade neste novo período de desenvolvimento e conquistas. Muitas delas nem sequer foram avaliadas com a devida atenção, embora antecipem a visão do amanhã para os seres humanos.

Os sistemas políticos

Ao longo de toda a Era de Áries, entre 2.351 a.C. e 191 a.C., os seres humanos consolidaram e desenvolveram os sistemas de poder que inicialmente eram comandados pelos principais chefes guerreiros, figuras notáveis que a História nos legou, como o rei egípcio Ramsés II (1.301 a.C.-1.235 a.C.); o legislador e conquistador babilônico Hamurabi (1.792 a.C.-1.750 a.C.); o rei judeu Davi (1.015 a.C.); o filho e sucessor de Felipe II da Macedônia Alexandre Magno (356-323 a.C.); o general cartaginês Aníbal (247-183 a.C.) e os reis guerreiros em Roma, além de todo o sistema de educação voltado para a guerra, que se estabeleceu em Esparta, na Grécia. O poder se exerce, nesse longo período, pelas armas.

Com a Era de Peixes no período que mediou de 191 a.C. a 1969, o eixo do exercício político se alterou de forma profunda e os sistemas de dominação e de poder passaram a se vincular a aspectos religiosos.

A atribuição da origem divina para os reis, seus governos e ações se estendeu tanto aos soberanos japoneses do Império do Sol Nascente, quanto ao mítico rei Arthur da Távola Redonda e aos reis e imperadores sagrados pela autoridade papal, aqueles que só se mantinham nos seus tronos com o referendo da Igreja.

As cruzadas mostraram as ligações da nobreza com a Igreja; no Oriente Médio, os muçulmanos chefiados por líderes com as bênçãos de Alá e em seu nome prepararam e executaram seguidas *jihads*, guerras santas contra os "infiéis" — cristãos, judeus e todos os que não aceitavam a verdade de Alá. A própria noção de "infiel" nos remete ao vínculo religioso da classificação de muçulmanos e não-muçulmanos.

O princípio do vínculo religioso surge com os mongóis, que fazem guerra contra os "infiéis" da Ásia e Europa no século XII e início do século XIII. Na Europa conquistadora da Idade Média, a cruz de Cristo serve de base para a expansão colonialista e destrói civilizações na América e na África. Em tudo, a religiosidade pisciana deixa sua marca profunda.

Para a Era de Aquário, surgem os elementos fundamentais da democracia, articulados a partir das teorias de Montesquieu e dos enciclopedistas franceses, autores das bases formais dos conceitos de Igualdade, Liberdade e Fraternidade.

Caem as monarquias absolutistas e despontam as repúblicas que, ampliando as fórmulas elaboradas inicialmente na Grécia, tornam o poder popular uma realidade incontestável. Institui-se o voto universal e secreto. As mulheres ganham direitos que lhes foram negados por mais de quatro mil anos.

A Constituição americana de 1789 serve de base para cartas constitucionais que abrem o poder ao povo. Esboça-se, no início do século XX, a formação de um governo mundial com a criação em 1919, da Liga das Nações, o primeiro foro multinacional. Essa experiência se materializa de forma mais evidente a partir do final da década de 1940 com o estabelecimento da Organização das Nações Unidas (ONU), embrião de uma forma de governo universal.

Da ONU, que ainda não conseguiu estruturar uma forma de poder político efetivo sobre as nações membros, nascem instituições que exercem real controle de atividades em todos os países. Entre elas estão a Corte de Justiça Internacional de Haia; a União Postal Universal (UPU); a Organização Internacional do Comércio (OIC); a Organização Internacional do Trabalho (OIT); a Organização das Nações Unidas para a Educação, Ciência e Cultura (Unesco); a Organização Mundial da Saúde (OMS); o Tribunal Penal Internacional e diversas outras instituições que já antecipam, setorialmente, mecanismos de controle multinacional.

Surgem, concomitantemente, organismos regionais que, a princípio, se constituíram entidades de defesa multinacional, como a Organização do Tratado do Atlântico Norte (OTAN) e o Pacto de Varsóvia, superadas com o fim da Guerra Fria e a eliminação das tensões entre a União Soviética e os Estados Unidos.

Esses organismos de origem militar dão margem ao aparecimento de outros, agora de caráter econômico, que já revelam condições de estender sua área de domínio a várias nações. O primeiro e mais importante deles é o Mercado Comum Europeu, portanto de partida para a formação da União Européia. Nas Américas, se consolidam a Área de Livre Comércio das Américas (ALCA), ainda em estruturação; o Pacto Andino; o

Acordo de Livre Comércio da América do Norte, Nafta, com o envolvimento do México, Estados Unidos e Canadá, e o Mercosul — indicando uma tendência à futura união alfandegária, fiscal, monetária, política e social de suas respectivas regiões.

Por esse tipo de experiência de integração de grupos de nações, sem fronteiras econômicas e barreiras sociais, se antecipa uma nova forma de Estado: o multinacional, em um estilo de confederação que envolveria inicialmente a Europa, as Américas e parte da Ásia.

As monarquias se transformam em regimes constitucionais tão ou mais democráticos que muitas das repúblicas surgidas no século XX. A distorção de poder nas repúblicas e monarquias decadentes, origem das ditaduras, começa a sofrer os efeitos de uma crescente condenação multinacional que limita a existência desse fenômeno típico da transição entre os sistemas absolutistas e o poder popular.

Com a consolidação do voto universal, a democracia se estabelece como forma ideal de escolha de governo, mas ainda em busca não só de maior representatividade para o cidadão, como meio de exercício de seus direitos, como de um processo que leve à igualdade entre os homens, premissa da Era de Aquário. Por esse processo se superam entraves econômicos e sociais — traço herdado da Era de Peixes — que se opõem à livre manifestação do pensamento.

A economia

Até o início do século XX, a economia mundial se caracterizava pelo semifeudalismo, no qual prevaleciam a base rural de produção de alimentos e sistemas manuais de produção artesanal e semi-artesanal, a escravatura, as corporações de ofícios, as relações patronais servo e senhor e mecanismos de troca locais.

A HISTÓRIA REINTERPRETADA PELA ASTROLOGIA

Os senhores e nobres, donos da terra, eram os detentores do capital. As outras classes não tinham acesso a esse sistema de comando da economia, exceto nos raros casos de dádiva real. A Igreja detinha forte poder de mando, uma vez que era proprietária de vastas extensões de terra, especialmente nos burgos dominados pela antiga nobreza.

Com a invenção da máquina a vapor e sua aplicação inicialmente nos equipamentos da indústria têxtil, começa a chamada Revolução Industrial, que alterou profundamente a economia mundial.

A burguesia ascende com o comércio e ganha a parceria de um operariado que se firma com o surgimento das primeiras fábricas. Mudam as relações de trabalho e se extingue o sistema servil. Criam-se as bases do trabalho assalariado. O comércio internacional se amplia e reveste-se de importância ao ponto de provocar as primeiras guerras coloniais pelo domínio de fontes de abastecimento de matéria-prima.

O domínio da técnica faz com que a economia se desenvolva em progressão geométrica. A descoberta de novas fontes de energia domina o planeta e permite que se altere o sistema de locomoção. O automóvel, o avião e modernos navios encurtam distâncias, tornando mais próximas as fontes de matérias-primas e agilizando os sistemas de distribuição, que ganham dimensão mundial. Surgem as primeiras grandes companhias multinacionais.

O petróleo domina o cenário econômico, mesmo com a descoberta de novas fontes de energia alternativa: atômica, eólica, solar e de fontes verdes, renováveis. A eletricidade é plenamente dominada. Descobrem-se o plástico e novos materiais. A pesquisa científica se integra aos processos de produção e o ser humano vê a economia dominada, a cada dia com maior intensidade, pelas mais puras pesquisas e técnicas.

No processo de mudanças rumo à Era de Aquário, a experiência da posse coletiva, iniciada na Rússia em 1917 e base do crescimento da União Soviética até o início da década de 1990, sofre profundas alterações que alcançam todos os países comunistas. Neles se substitui a economia centralizada e estatal pela prática do livre mercado ou se inicia, como na China e em Cuba, a introdução da propriedade limitada dos meios de produção por pequenas unidades capitalistas e fazendas cooperadas.

O sistema capitalista alcança o máximo de sua expansão no século XX. Nos anos finais daquele período, entretanto, tem início a fase predatória dos megaespeculadores internacionais, em um processo que resulta em mudanças profundas na forma de gestão econômica.

A socialização limitada dos meios de produção, incipiente com um ainda não bem-aceito cooperativismo, fracassa na obtenção dos resultados esperados por transformar-se em sistema político de limitação de liberdades individuais quando de sua implantação. Assim, o mundo anseia por novos caminhos numa economia que se revela altamente competitiva, dominada por cartéis, dependente e globalizada.

Criam-se então bolsões de miséria e forte concentração de renda, com a divisão do mundo em grupos de poucas nações altamente poderosas, muitas das quais, a maioria mesmo, vivendo em condições absolutamente miseráveis e com poucas chances de sobrevivência — quadro que sugere a mudança que se espera de Aquário.

As comunicações

Em 490 d.C. Diomedes, um atleta grego, correu da aldeia de Maratona a Atenas para anunciar a vitória das tropas gregas de Milcíades sobre os persas, e embora tenha morrido em seguida, inspirou, com seu exemplo, uma das mais destacadas provas das Olimpíadas. Desde então, o sistema de comunicação no mundo só viria a se alterar com o uso de animais no transporte de pessoas ou mensagens.

Do correio a pé dos gregos de Milcíades à cavalaria que nos legou o estabelecimento dos correios no século XIX, a evolução dos sistemas de comunicação — não considerados os tambores na África e as mensagens de fumaça dos nativos americanos — nos deu os mensageiros que, trocando de montaria, levavam notícias de um povo a outro e próximo a eles, a columbofilia.

Por séculos, nada mudou nesse panorama até que, no século XX — o período de transição das Eras, sua cúspide —, tornaram-se comuns, de forma prática e universalizada e disponíveis às pessoas comuns, o telégrafo e o telefone, além do motor a explosão, ligado aos transportes.

Essas invenções seriam a base de todo o desenvolvimento do sistema de comunicações mundiais daí por diante. A radiofonia, a televisão e o satélite, na verdade, se constituem aprimoramentos desses processos básicos que se originam dos primeiros sinais em código Morse e no aparelho criado por Graham Bell.

A entrada em operação dos satélites de comunicação nos anos que antecederam a chegada da Era de Aquário permitiu que as ondas de rádio se refletissem para a Terra. Esse foi o primeiro e mais importante passo para que a comunicação em nível mundial se estabelecesse de modo bem mais eficaz. Os onerosos e pouco práticos cabos submarinos que, em décadas anteriores mostraram sua modernidade, já haviam demandado muitos recursos e imposto riscos por quase um século.

Da mesma forma, das rústicas máquinas telegráficas ao telex e ao fax, desenrolou-se um longo processo, que evoluiu acentuadamente a partir do uso de veículos automotores como meio de comunicação entre as pessoas.

No rastro dos avanços da tecnologia, com os satélites de comunicação em número crescente e estações receptoras terrestres menos afastadas e mais baratas, a opção pela comunicação instantânea e global levou inevitavelmente à criação da rede mundial de comunicação por computadores, a Internet.

Essa rede mundial de computadores foi o mais significativo dos passos no campo da técnica e do engenho humano. Uma inovação tipicamente aquariana e que antecipa um período de ligação permanente de cada ser humano com um sistema global único de comunicação.

A popularização dos sistemas computadorizados com o PC (*personal computer*) levou ao barateamento no preço dessa máquina que seria o instrumento de uma revolução que mostrava, já nos primeiros Mac's e IBMs portáteis, uma das formas de conquista neste início da Era de Aquário. Aos poucos, a rede mundial — World Wide Web — idealizada para servir a propósitos militares e acadêmicos fez da comunicação instantânea e sem fronteiras elemento essencial e corriqueiro de nossas vidas.

Já se projetam sistemas de telefonia com imagens, conexões múltiplas de comunicação via satélite em nível doméstico, além de recursos ainda mais surpreendentes de comunicação interpessoal.

O setor é dos mais avançados em tecnologia e pesquisa e promete avanços ainda maiores nas próximas décadas. A comunicação será, na Era de Aquário, a principal ferramenta a serviço do homem, como o foi a palavra escrita na segunda metade da Era pisciana.

A tecnologia

Dos primórdios da técnica nos restam ainda hoje exemplos fantásticos de como o ser humano evoluiu. As descobertas mais surpreendentes realizadas pelo homem ao longo de dez mil anos se ligaram quase que exclusivamente ao domínio do fogo — e, com ele, dos metais — e à utilização prática da roda, que revolucionou o sistema de transporte.

Nos primeiros períodos que se seguiram a tais conquistas, entretanto, nos mantivemos em um patamar que pouco se alterou. Moldava-se o metal para a fabricação de armas e apenas alguns utensílios. Nos transportes, a única mudança na plataforma sobre rodas de mais de cinco mil anos foi a forma de impulsão ou propulsão.

No campo bélico, partimos do desenvolvimento de armas rústicas, passamos pela descoberta da pólvora pelos chineses e sua adoção no Ocidente há bem poucos séculos, e chegamos às armas de fogo tal como as temos hoje em termos de formas e poder de destruição.

Mas, no meio dos tímidos e inevitáveis avanços de então, a imprensa, inventada em 1448 por Johannes Gutenberg com os seus tipos móveis, deu nova versão ao pensamento humano e revolucionou o uso da técnica, tornando-a acessível a muitos.

Contudo, permanecem como nossas maiores conquistas até hoje as técnicas desenvolvidas por nossos ancestrais do início das Eras ditas modernas: a roda, a pólvora e o molde de metais em fogo. O aprimoramento de todos esses processos técnicos se deu de forma acentuada no período de transição de Peixes para Aquário, isto é, durante o século XIX e após o seu término.

A roda ganhou dentes e deixou os veículos para se tornar engrenagem moderna, antecipada pelos relógios europeus de dois séculos antes. Ampliada, serviu para mover grandes mecanismos, tornar viáveis máquinas operatrizes, gerar energia nas turbinas e multiplicar força em motores e inventos os mais diferentes.

Os metais ganharam flexibilidade, dureza, resistência e campo vasto de aplicação, aprimorando as ligas mais nobres com sua fusão, chegando-se à dureza do titânio e à pureza do aço. A pólvora impulsionou a arte da guerra e, com ela, o uso de propulsores de foguetes, abrindo caminho para novos combustíveis.

O domínio da técnica fez do *Homo sapiens*, nessa fase de transição de Eras, o senhor absoluto do mundo e nada mais escaparia ao seu controle, tantas e tão aceleradas foram suas pesquisas.

Chegamos ao ápice do crescimento com os conhecimentos herdados das velhas Eras; com isso, anunciava-se a necessidade de novas concepções técnicas que mudassem de forma determinante as conquistas até então realizadas.

Em séculos passados, já se antecipavam formas novas de propulsão e impulsão de veículos, experimentadas a partir dos colchões de ar, dos combustíveis ionizados, com velocidade ampliada e transferência baseada em decomposição e recomposição molecular.

A miniaturização, desenvolvida como conquista no Oriente, cria *chips* capazes de governar funções físicas e controlar movimentos e processos em milhares de utilizações, entre as quais o avanço de se monitorar a ação humana com o implante dessas peças na epiderme.

E muitas outras invenções e processos ligados agora a uma nova vertente de conhecimento — a nanotecnologia — já mostram o futuro como larga avenida para o desenvolvimento aquariano.

A demografia

Reinos já foram perdidos e conquistados como resultado da capacidade ou incapacidade humana de procriar. E, ao longo de milênios, o papel de continuador da espécie exercido pelo ser humano — a mulher parideira e o homem reprodutor — se mostrou sintoma clássico da necessidade de uma espécie de se propagar para ocupar o terreno conquistado, um legado da visão militarista de Áries.

As mais antigas sociedades tinham em alta conta a mulher que procriava, e as largas ancas das "matrizes femininas", louvadas por representarem a capacidade de procriação, chegaram a alçar a mulher ao altar dos deuses. O homem estéril era pária equiparado a eunuco. E assim foi até o século XX.

Dominado o mundo conhecido, ocupados parcialmente os vazios de gente, chegamos ao exagero das previsões catastrofistas de Thomas Robert Malthus que anunciavam a fome generalizada pelo crescimento geométrico da população contra uma progressão matemática da produção de alimentos.

Essas teses anteviam o fim do mundo em macabro cenário no término da Era de Peixes e mostravam campo certo de sofrimento e dor a se espalhar na esteira da carência do alimento, na mais negativa das previsões possíveis do caráter pisciano no que diz desses sentimentos. Delas nada restou a não ser a constatação de que a técnica tornava possível um suprimento inesgotável de alimentos, embora ainda não acessíveis à maioria da população mundial.

A influência de Aquário já se fazia sentir tanto em um quanto noutro desses campos de catástrofe anunciados por Malthus. O homem via sua espécie dominante crescer ao mesmo tempo que surgia o elemento básico e fundamental representado pelo avanço da tecnologia, tipicamente aquariano.

E esse conceito básico de Aquário — a conquista pela técnica — ampliou a capacidade produtiva do campo, desenvolveu métodos e processos que tornaram farta a colheita e generosa a terra que antes mal dava para o sustento de uns poucos.

No deserto se plantou jardim irrigado. Na terra cansada deitou-se a química regeneradora. A pesquisa genética alterou produtos e ampliou colheitas, a máquina chegou ao domínio do arado puxado a boi. E o homem se capacitou a sobreviver.

Ao mesmo tempo, outro lado dessa mesma tecnologia dava seus ares e levava o ser humano ao máximo do domínio da própria proliferação descontrolada sobre terras poucas e limitadas. O controle da natalidade passou a ser feito por uma simples pílula que muda a fisiologia e leva a mulher a evitar a ovulação.

Ambos os fenômenos, com a marca da Era e do Signo, mostram a antecipação do futuro.

Hoje, vemos crescer de forma ordenada a produção de alimentos que só não atende a toda a população por causa da ganância, típica da Era de Peixes. E o controle da natalidade tornou-se comum, prática difundida mundo afora.

Ampliado também se faz o controle sobre a existência humana: hoje a expectativa de vida é quase três vezes maior do que a que se tenha no início da Era de Peixes. Desenhou-se novo tipo de domínio sobre a Terra, mais completo, embora sejam ainda desiguais os critérios de distribuição da gente pelo globo.

E, nesse quadro, mesmo com a conquista de maior longevidade, provou-se o irrealismo do caos malthusiano, uma visão de Peixes superada pelo avanço de conquistas que atestam a chegada de Aquário.

A medicina e a ciência

A humanidade viveu, com os gregos e egípcios, o apogeu do conhecimento científico proporcionado pelo somatório de conhecimento das Eras anteriores à de Peixes. Às margens do Nilo, praticava-se medicina em grau que os homens esqueceram ao longo de séculos. Na Grécia, a ciência alçou vôos que a colocaram em pedestal bem alto e estabeleceram-se as bases do pensamento e das teorias que ainda hoje determinam o comportamento científico.

A Era de Peixes, marcada pela penitência e autoflagelação, dons de espiritualidade, fez com que se esquecessem os ensinamentos gerados pelos que nos antecederam.

A trepanação dos ossos do crânio, que permitia a lobotomia na sua forma mais perfeita entre os médicos-sacerdotes do Egito, deixou de ser realizada quando se passou a creditar que a possessão demoníaca era a verdadeira causa dos problemas mentais. Os portadores de tais males eram então isolados da sociedade e, em tempos mais recentes, começaram a ser confinados em casas de loucos que mais parecem pátios de tortura medieval.

A própria noção que se tenha do planeta vai de seu formato arredondado, conhecido pelos gregos, às crenças de que se tratava de um corpo celeste que tinha fim e que, como um pires solto no espaço, poderia fazer cair no vácuo quem se aventurasse além do mar-oceano. E a crendice afogou num mar de trevas tudo o que se praticava e se conhecia como embrião da ciência e da técnica. E, pior que isso, implantou-se a ignorância em nome de Deus.

Sábios se refugiaram em mosteiros e guardaram para si o conhecimento acumulado. Homens que se aventuravam a questionar findavam seus dias nas chamas da ignorância, que ganhava nomes tão diferentes quanto os da Inquisição, do demônio, da bruxaria e do ocultismo.

A ignorância, parente mais próxima da dominação religiosa sobre o pensamento questionador da ciência, chega até o último Grande Signo da Era de Peixes quando começam a cair dogmas e crenças, crendices e superstições, trevas da dominação e do obscurantismo. É a queda do poder dominante a serviço do obscurantismo.

Com o primeiro grande desafio público aos dogmas imutáveis com os quais conviveu por quase 18 séculos, o ser humano tentava retomar o processo de conhecimento sobre si e seu mundo. Esse questionamento fez parte do trabalho dos enciclopedistas franceses, precursores da Revolução de 1789, um movimento filosófico e científico que não se restringiu ao seu caráter político, avançando pelo conhecimento com passos gigantescos.

A medicina muda conceitos. E, da ignorância dos clínicos que praticavam a sangria para todos os males aos cirurgiões que empregavam sua técnica com navalhas imundas em salões de barbeiros, surgem as primeiras noções corretas da fisiologia humana e da estrutura das doenças.

Os "humores do ar pestilento", apontados como causa dos mais diferentes males, são substituídos por definições quase corretas de micróbios e bactérias; estabelecem-se as teorias de assepsia e contágio, fisiologia e distúrbios de origem definida. Abre-se o corpo e disseca-se o conhecimento; a farmacologia sai de terra imunda, contaminada por dejetos animais, para descobrir sais e princípios ativos dos mais eficazes.

A prática de uma técnica rudimentar quase inteiramente voltada ao campo, e que se deteriorou com o passar dos séculos, esboroa-se com os avanços de maquinismos cada dia mais sofisticados e que, aos poucos, substituem a força do homem pela precisão do engenho mecânico e eletrônico.

E, ao lado disso, a máquina a vapor e os teares ganham expressão de pioneirismo na conquista tecnológica, derrubando a força humana que imperava há quase dez mil anos...

O animal, coadjuvante do homem em toda a sua vida, é substituído nas mais diferentes tarefas, do arar dos campos ao transporte de pessoas e cargas. A pouca luminosidade das velas de sebo é substituída pelo clarão criador da eletricidade. A roda ganha funções mais práticas e a engrenagem duplica a força e sugere mecanismos avançados.

A mão humana deixa seu papel de mero elemento de força, limitado até então a carregar peso, e passa a moldar peças e criar instrumentos cada dia mais avançados e próximos do ideal de conquista aquariano. De sua destreza e habilidade saíram fôrmas e moldes para a criação das mais complexas máquinas que substituíram esforço humano por precisão mecânica.

A globalização do lazer

Desde tempos imemoriais o ser humano guardou a noção de trabalho à luz do dia. Da caça que se fazia às primeiras luzes do alvorecer ao campo lavrado sob o brando sol da manhã, com a limpeza à tarde, se espremiam a "esgota" matutina do leite e a juntada dos animais ao fim do dia.

E tudo se guiava pelo sol. De sol a sol, dia após dia, sem folgas e sem descanso, dizia-se da jornada de quem trabalhava. E isso desde os pastores da Antigüidade ao artesão das guildas medievais.

A noção pisciana de que "só o trabalho enobrece", fundada no aspecto penoso da vida e no flagelo do corpo, levou a um conceito deturpado sobre a própria fisiologia humana. Os ditames religiosos dizem da proteção de Deus ao homem que cedo madruga, ao que lavra o solo com a luz do dia e faz de sua labuta o suor da conquista da felicidade.

É a teoria de que a mão-de-obra é produtiva enquanto dura sua capacidade de realizar por meio do próprio sacrifício físico, herança típica do escravismo que nos vem dos tempos de Áries.

Nada se questiona ao longo de quase 19 dos 22 séculos da Era de Peixes. E as mudanças só aparecem quando os primeiros artesãos se unem em associações e reivindicam direitos, entre eles o de descanso de oito horas à noite com a redução da jornada diária de 14 para 12 horas.

O homem começa a conhecer o lazer, que só lhe era dado ao sabor da vontade das classes dominantes e que, na maioria das vezes, se expressava na violência das mortes em disputas no circo ou na glória dos guerreiros que, nas liças, saudavam nobres e se faziam cavaleiros oprimindo escravos e servos.

O reconhecimento dos meandros da capacidade inventiva do ser humano e de suas necessidades básicas leva à busca de equilíbrio entre o labor e o descanso, estabelecendo-se verdadeira revolução nas crenças antigas de "viver e morrer pelo trabalho". O pleito de melhor qualidade ambiental se soma à necessidade de pausas, que acabaram por criar as chamadas "curvas de produtividade", medição que aponta para a necessidade de intervalos periódicos de parada na atividade rotineira para que se atinjam índices mais altos de produtividade.

Assim, com a descoberta da importância de se preservar o corpo e a mente, compartimentalizando tempo e dedicação, abriu-se caminho para a busca do lazer como forma de recuperação de energia física e mental, hoje não mais uma necessidade, mas ambição.

Da louvada "semana inglesa" na jornada semanal de trabalho surgiram caminhos para a informalidade do horário flexível e do trabalho *out-office* (fora do escritório), feito pelo homem no próprio local onde vive, em horários por ele escolhidos e ligado à fonte de produção pelos modernos sistemas de comunicação. Nasce o princípio da *work-station* (estação de trabalho) localizada onde vive o trabalhador.

O lazer assume importância e se torna necessidade humana para bem-estar e qualidade de vida.

A verdade...

"Dois elementos, ou se quiserem, duas forças regem o Universo: o elemento espiritual e o elemento material. Da ação simultânea desses dois princípios nascem fenômenos especiais que se tornam inexplicáveis, quando se abstrai um deles; do mesmo modo que a formação da água seria inexplicável se se abstraísse um dos seus elementos constituintes: o oxigênio e o hidrogênio."

Allan Kardec (*A Gênese*, Introdução)

O autor

Com o pseudônimo Max Klim, o jornalista Carlos Alberto Lemes de Andrade é o responsável, há mais de três décadas, pelo horóscopo do *Jornal do Brasil* e de diversos outros órgãos da imprensa brasileira.

Primeiro jornalista especializado em astrologia no país, é autor da coleção *Você e seu signo* em doze volumes e do *Anuário de Astrologia Nova Era 2003*.

Jornalista, advogado, administrador de empresas e professor de história, Carlos Alberto nasceu em Campanha (MG) a 27 de março de 1943. Ingressou no jornalismo em 1960, em Ituiutaba, no Triângulo Mineiro, transferindo-se posteriormente para o Rio de Janeiro, onde foi, por 16 anos, funcionário do Sistema JB, ocupando funções de gerência na Agência JB.

Colunista de filatelia e responsável pelo horóscopo do *Jornal do Brasil*, além de seu colaborador eventual, foi tradutor da agência soviética Novosti, redator de verbetes dos livros do ano da *Enciclopédia Delta Larousse*, redator da *Revista Bolsa*, colaborador de diversos jornais, Executivo Regional Sul de The United Press International e editor de jornais em Minas Gerais.

Historiador e autor das pesquisas históricas "Chibatas da Liberdade", sobre a Inconfidência Mineira, e "Negro de Guerra", sobre a Guerra do Paraguai, por tais estudos recebeu a medalha dos 200 anos da Inconfidência Mineira.

Atualmente mantém páginas sobre astrologia em diversos sites da Internet, além de seu próprio site no endereço www.maxklim.com.

Este livro foi composto na tipologia Revival
565 Bt, em corpo 11/14,5, impresso em
papel Pólen Soft 80g/m² no Sistema Cameron
da Divisão Gráfica da Distribuidora Record.

Seja um Leitor Preferencial Record
e receba informações sobre nossos lançamentos.
Escreva para
RP Record
Caixa Postal 23.052
Rio de Janeiro, RJ – CEP 20922-970
dando seu nome e endereço
e tenha acesso a nossas ofertas especiais.

Válido somente no Brasil.

Ou visite a nossa *home page*:
http://www.record.com.br